MÉMOIRE

SUR LA CAMPAGNE

DE L'ARMÉE FRANÇAISE

DITE

DES PYRÉNÉES,

EN 1813 ET 1814;

PAR J.ph PELLOT, COMMISSAIRE DES GUERRES
EN NON ACTIVITÉ.

A tous les cœurs bien nés que la Patrie est chère !

A BAYONNE,
Chez GOSSE, libraire, rue Prébendés N.o 11.

1818.

Donné par l'auteur à Mr Charles Basterreche.

3

De l'Imprimerie de DUHART-FAUVET.

CET OUVRAGE SE TROUVE,

EN FRANCE:

à Paris, chez Magimel, Anselin et Pochard.
à Toulouse, chez Vieusseux.
à Bordeaux, chez Gayet aîné.
à Perpignan, chez J. Alzine.

EN ESPAGNE:

à Madrid, chez { Deuné fils.
Juan Paz.
Santiago Hernandez de Tejada. }
à Pampelune, chez Longas.
à Bilbao, chez Dalmas.
à Saint-Jacques de Galice, chez Fr.co Rey Romero.
à Saragosse, chez Joseph Sanchez.

A
l'Armée Française.

Vous êtes les dépositaires et les défenseurs de la gloire nationale : plusieurs d'entre vous ont fait la campagne laborieuse des Pyrénées ; et vous êtes, tous, les juges naturels des faits de guerre. En vous offrant ce récit, je vous offre votre propre éloge. Si vous n'avez pas été toujours heureux, vous avez du moins été constamment dignes de vous et de la Patrie. Que de titres qui m'autorisent à mettre ce mémoire à l'ombre de vos lauriers !

Pellot.

AVANT-PROPOS.

Quand un peuple, qui s'est illustré par la guerre, en battant ou soumettant tous ses voisins, éprouve à son tour les revers de la fortune, et rentre dans ses limites; il cherche des consolations dans sa gloire passée, et supporte avec grandeur le sort qui l'opprime. Après les combats, tout bon citoyen se fait un devoir d'indiquer aux écrivains et aux artistes les faits dignes d'être transmis à la postérité; et une colonne d'immortalité s'élève au sein de la patrie, pour l'émulation de ses enfans et le tourment de l'envie.

Il faut être français, et s'identifier à l'honneur de nos armes, pour retracer dignement nos faits militaires.

Confondra-t-on toujours, dans une injuste haine, et les gouvernemens et l'armée? Que reste-t-il aujourd'hui de ces feuilles du moment, de ces romans de parti, de ces déclamations calomnieuses, publiés, sous le titre de campagnes, à une époque qu'il faut oublier? le ridicule de les avoir mis au jour, ou d'en avoir achevé la lecture. Se peut-il que les manies les plus bizarres, les préjugés les plus déplorables, aient pu de tout temps trouver accès chez une nation éclairée, polie, généreuse; chez nous autres français, que Voltaire a apostrophés si souvent du nom de Velches! Se peut-il qu'il ait été du bon ton, dans quelques coteries, de dénigrer nos armées! Ce renversement d'idées sociales, sans lesquelles il n'existe ni honneur ni patrie, pouvait-il ne pas être blâmé sous le plus juste, le meilleur des souverains, sous le descendant d'Henri IV!

Il y a deux manières d'écrire sur la guerre, et d'intéresser ses lecteurs: l'une détaillée et épisodique, montre successivement quelques coins du tableau, dans un jour oblique et incertain: ce sont des anecdotes détachées, qui flattent toujours celui qui en est l'objet, et qui amusent les lecteurs frivoles; mais ces traits partiels ont l'inconvénient de faire perdre le fil des événemens, et de ne laisser dans l'esprit que des idées accessoires et fugitives. L'autre méthode, plus sévère, plus rapide, mais aussi plus sèche, rappelle un peu, il faut l'avouer, nos bulletins d'armée. Cependant, me suis-je dit, le récit d'une campagne n'est pas un ouvrage d'imagination, l'exactitude en fait le mérite principal; et si l'on reconnaît que je n'avance pas un fait qui ne soit vrai, et que je n'en omets aucun d'essentiel, n'aurai-je pas atteint mon but? Je place donc mon lecteur au centre des opérations; je l'initie dans la pensée du général en chef; il voit les ordres de mouvemens, leurs motifs, l'exécution sur le terrain, nos pertes réelles, celles de l'ennemi. Heureux si je pouvais lui faire partager nos craintes et nos espérances, en le menant ainsi, comme par la main, jusqu'à l'issue de notre laborieuse campagne!

J'ai cité les dates, toutes les fois que je l'ai cru nécessaire. Les sciences et les arts ont leurs mots techniques : ceux qui appartiennent à la guerre sont peu variés, et ne plaisent pas à toutes les oreilles. J'ai cherché la clarté et non l'élégance.

Une armée sans administration, est un corps sans âme; et ne parler que de combats, sans faire connaître le rouage com-

pliqué qui donne le mouvement à toute la machine, c'est ne dire les choses qu'à demi : d'ailleurs ignore-t-on qu'il n'est pas de grand capitaine qui ne soit grand administrateur ; et puis-je oublier qu'on jugera, dans cette campagne, le duc de Dalmatie, sous l'un et l'autre rapports ? J'ai donc traité de l'administration dans le cours de ce mémoire ; mais je l'ai fait rapidement et sans intervertir l'ordre de la narration. Les descriptions répétées de batailles, dénuées de tout autre intérêt, sont du domaine de la haute poésie, et ne nous attachent que dans Homère ou Virgile.

Comme l'armée des Pyrénées s'est formée des débris des diverses armées d'Espagne, j'ai cru qu'il était de mon sujet de prendre les événemens à l'époque de notre évacuation de Valladolid, et de donner une esquisse de la malheureuse journée de Victoria, dont les résultats ont repoussé nos troupes sur les anciennes limites de la France. Il n'en est pas d'une armée qui entre gaiement en campagne, et qui n'a pas éprouvé de revers, comme d'une réunion de corps harassés et indisciplinés, qui ont opéré une longue et pénible retraite.

Je regrette de ne pouvoir donner une carte du pays situé entre l'Ebre et la Garonne : celles de Cassini ne se trouvent que chez peu de particuliers, et les cartes départementales ne peuvent en tenir lieu. Il est des points dans la chaîne des Pyrénées et dans le pays Basque, qui ne sont bien connus que des habitans. J'espère toutefois que le défaut de ce secours ne se fera sentir que faiblement à la lecture de mon mémoire.

Je n'irai pas au devant d'une objection insultante et populaire, qui tend à blâmer le duc de Dalmatie, de n'avoir pas été aussi heureux aux environs de Bayonne qu'il l'a été à Orthez et à Toulouse : je me bornerai seulement à prier ces détracteurs des réputations militaires, qui font des commentaires sans avoir fait une seule campagne, de vouloir bien nous expliquer, avant tout, pourquoi lord Wellington a commis la faute de ne pas pousser jusqu'à Bayonne, après la journée de Victoria ? et pourquoi il a terminé ses opérations par une bataille telle que celle de Toulouse ?

MÉMOIRE

SUR LA CAMPAGNE

DE L'ARMÉE FRANÇAISE

DITE

DES PYRÉNÉES

EN 1813 ET 1814.

Les campagnes d'Espagne sont plus difficiles et plus minutieuses à décrire que les campagnes du nord ; et quoiqu'elles présentent moins d'éclat et moins de batailles rangées, il ne serait pas indigne d'un observateur philosophe, dégagé de tout préjugé national, de développer les causes et les effets de cette guerre impolitique, qui fut suivie d'abord de l'invasion d'un des plus vastes royaumes de l'Europe, et qui a fini par être si funeste à la France. Que de belles armées sont allées se fondre, pour ainsi dire, dans la péninsule ! Les champs d'Ocaña, de Talavera de la Reyna, d'Albuera, les positions des Aropiles, et les siéges de Saragosse, de Valence et de Badajoz, n'en ont moissonné cependant que la plus faible partie; et nos troupes, endurcies à tous les climats, n'ont pas souffert de celui des Andalousies. Qui les a donc détruites ? les guerres de partisans, le patriotisme et la patience. Il faut l'avouer, les espagnols ont offert un beau spectacle au monde : ils ont prouvé qu'une nation pauvre et peu populeuse pouvait être envahie sans être soumise, et qu'elle devenait un jour redoutable aux vainqueurs, si elle était mue par un sentiment profond d'indignation et de vengeance. Quelle leçon ! Les portugais et les anglais se sont joints aux espagnols; mais leurs armées réunies, quoique nombreuses, n'auraient pas suffi, sans le secours de la population, pour repousser sur les Pyrénées les premières troupes de l'Europe. Le soldat français trouvait un ennemi implacable dans un vieillard, dans une femme, dans le plus faible enfant : s'il échappait aux dangers d'un combat, il succombait chez l'habitant sous un fer imprévu. Le seùl reproche qu'on puisse adresser aux espagnols est d'avoir employé ce dernier moyen de destruction, inconnu aux peuples du nord et à la générosité française. Si l'on ajoute à tous ces ennemis le mal que nous nous faisions nous-mêmes par le relâchement de la discipline et par les concussions, on concevra que nous nous affaiblissions de tous côtés, et que la conquête devait échapper à nos guerriers. Napoléon avait dédaigné les espagnols, et il ne les connut que quand il n'était plus temps de revenir sur ses pas. Une guerre lente et sourde n'était pas faite pour fixer ce génie impatient, qui donnait tout au brillant et au fracas militaire : il lui fallait une armée nombreuse réunie sur un seul point : il quitta donc l'Espagne pour voler vers le nord. Son frère Joseph, destiné par lui à régner sur les espagnols, cherchait à se concilier les esprits : il se plaça entre l'armée et le peuple, et ne fut ni militaire ni administrateur. Les généraux français qui commandaient dans les provinces éloignées de Madrid, se considéraient comme de petits souverains indépendans : les ordres se choquaient au lieu de tendre au même but. Il est vrai que les rênes du pouvoir se réunissaient entre les mains de Joseph, mais ces mains furent inhabiles et souvent paresseuses. Tant que nous restions dans nos cantonnemens, il y avait une apparence d'ordre et d'unité ; mais à mesure que nous évacuyons le pays, et que les corps d'armée se joignaient pour résister à l'ennemi, c'était une confusion, une incohérence dont les opérations devaient nécessairement se ressentir. Une journée aussi malheureuse que celle de Victoria devait donner la preuve de ce mésaccord ; et puisqu'il faut rappeler ce triste souvenir, prenons nos armées dans la Castille, et voyons comment elles ont repassé l'Ebre.

Joseph Buonaparte était à Valladolid, exerçant une ombre d'autorité, qu'il sentait devoir lui échapper à la première bataille. Ne connaissant rien à l'art militaire, il ne savait pas apprécier les armées françaises qui étaient sous son commandement : il comptait aussi peu sur elles qu'elles comptaient peu sur lui. Cependant le maréchal Jourdan était auprès de Joseph comme major-général ; mais ce n'était plus le Jourdan de Fleurus : l'âge, qui n'épargne rien, lui avait donné un caractère d'indécision ; et les opérations qui se préparaient étaient trop importantes pour sa tête. Enfin, Joseph se vit vaincu avant que de combattre.

On se met en marche de Valladolid sur l'Ebre : les corps d'armées quittent leurs cantonnemens respectifs et suivent échelonnés. Les alliés, sous le commandement de Wellington, étaient déjà en présence de l'armée française. Le mouvement rétrograde n'était point rapide. Il y eut quelques affaires d'avant-gardes.

Arrivés à Burgos l'ennemi nous serra de plus près. La position de Burgos ne paraissant pas favorable à Joseph, il ordonna de reprendre le mouvement de retraite, après avoir pris des mesures pour faire sauter le fort. Jamais explosion ne fut plus malheureusement disposée : l'officier qui en était chargé eut l'imprudence de laisser dans le fort un amas de projectiles dont il n'avait pas calculé les effets : à peine une partie de la colonne était-elle sortie de la ville, qu'on mit le feu à la mèche : la détonation fut affreuse, plusieurs maisons voisines du fort furent ébranlées : aussitôt un déluge d'éclats de bombes tomba dans la ville, où les français étaient encore : l'habitant et le soldat en furent écrasés, et nous eûmes à regretter dans cette journée la perte de plusieurs centaines de braves, qui périrent, pour ainsi dire, de nos propres mains. Les français qui étaient en marche hors des murs de la ville, loin de pressentir un tel événement, se retournèrent joyeux au bruit de l'explosion, et admirèrent comme un spectacle magique la fumée noire et épaisse qui s'élevait majestueusement dans les nues, en conservant encore la configuration du fort.

Burgos étant évacué, la ligne de défense qui était offerte à l'armée française était le cours de l'Ebre. Le fort de Pancorvo, qui est imposant par sa position escarpée, nous assurait, sur la rive droite de ce fleuve, un poste avancé inexpugnable. On y jeta une faible garnison et quelques approvisionnemens en munitions et en subsistances.

Joseph s'arrête à Miranda, consulte la carte, combine ses idées, expédie des ordres administratifs, comme s'il eût dû prendre racine dans le pays; et dans le moment où il se croit à l'abri des coups de l'ennemi, celui-ci passe l'Ebre à gué au dessus de Miranda, et le déborde ainsi par sa droite.

Alors Joseph se hâte de concentrer ses forces, songe à prendre une nouvelle position, puisque celle de l'Ebre lui échappe, et marche sans plan déterminé jusqu'à Victoria.

Victoria ! tout bon français ne peut prononcer ce nom sans éprouver un sentiment pénible. C'est sous les murs de cette ville que nos armes ont été humiliées sans être vaincues ; c'est dans ces plaines que l'ennemi, étonné d'un succès inespéré, a décidé du sort de l'Espagne, et s'est trouvé maître de tout le matériel de notre armée. La journée du 21 juin 1813 a porté le nom de Wellington plus loin qu'il n'avait encore été, et cependant c'est la seule incapacité de Joseph qui lui valut cette renommée.

Du moment où Wellington avait passé l'Ebre, il débordait constamment notre armée. Joseph, sans être militaire, pouvait juger qu'ayant des forces inférieures à celles de son ennemi, il lui arriverait malheur s'il s'arrêtait en plaine ; mais il voyait son royaume d'Espagne glisser sous ses pieds, et c'était à regret qu'il faisait un pas vers les Pyrénées. S'il eût pris position sur les hauteurs de Salinas et de Mondragon, il rendait nulles les manœuvres de Wellington, se conservait libre la grande route de communication avec la France; et, en se retranchant sur ces hauteurs, il eût pu recevoir quelques secours de Bayonne et des départemens méridionaux ; mais il avait assez régné, et c'est à Victoria qu'il devait restituer son sceptre.

Le 21 juin, l'armée française était en position en avant de Victoria. L'ennemi cachait les têtes de colonnes qui étaient sur nos flancs, et feignait de ne vouloir combattre que de front. Le combat s'engage sur la ligne, et le feu va progressivement se déployant sur notre flanc droit : c'était là que l'ennemi avait ses principales forces.

Quand Joseph vit le piége, il n'était plus temps de l'éviter ; vivement attaqué sur son front, il ne pouvait sans danger le dégarnir pour renforcer son flanc et assurer ses derrières. Les troupes françaises résistent d'abord avec courage à l'impétuosité de l'ennemi, qui marchait en ordre sur notre ligne, malgré le feu terrible de notre artillerie. Notre résistance l'irrite, et l'avantage de sa position et du nombre lui donne l'élan de la victoire.

Le feu était alors bien soutenu dans les

deux armées; mais lorsqu'à un signal donné par l'ennemi pour couper la grande route en arrière de Victoria, Joseph ordonna à l'artillerie de position et à l'infanterie qui était en ligne d'évacuer, le désordre et la terreur se mirent dans nos rangs: artillerie, infanterie, cavalerie, tout se précipita en arrière de la ville : une épaisse poussière couvrait notre armée. C'est dans ce moment que la retraite nous fut coupée. Il n'y avait plus de commandement ; les corps se confondaient dans la fuite : le grand parc d'artillerie et les nombreux et riches équipages de Joseph, de ses ministres, des généraux et principaux fonctionnaires de l'armée, qu'on avait fait parquer en arrière de Victoria, mirent le comble au désordre : les soldats du train d'artillerie coupent les traits de leurs lourds chevaux et galoppent dans la plaine. Quel spectacle que celui d'une nombreuse et superbe artillerie abandonnée au centre d'une armée! Quelle impression cet abandon honteux ne fit-il pas sur l'esprit du soldat! Plus d'espoir que dans la fuite, se disoit-on : fuyons! fuyons! tout est perdu! Mais comment fuir? Nous sommes enveloppés. On se jette pêle-mêle à travers champs : vingt fossés barrent notre passage ; il faut les franchir, être pris ou périr : des mères échevelées courent et jettent des cris de désespoir : Joseph lui-même est séparé de sa suite ; le cheval du maréchal Jourdan s'abat. Cependant dans ce chaos, la générosité du soldat français s'exerce sur les êtres les plus intéressans et les plus faibles : des femmes, des enfans sont recueillis par des soldats de cavalerie, et portés en croupe ou dans leurs bras.

Après avoir parcouru ainsi une grande lieue, le mouvement se ralentit : l'on se regarde en silence : on ne sait ni d'où l'on vient ni où l'on va : l'un se dit ruiné, l'autre gémit sur ce que cette journée a d'ignominieux pour le nom français, et le sentiment qui agite encore tous les cœurs est un reste de terreur. Joseph gagne le sommet d'un mamelon, tel qu'un navigateur qui s'est sauvé du naufrage, et qui, grimpé sur un roc, regarde sur les vagues si ses compagnons d'infortune ont pu saisir quelque planche et s'approcher du rivage. Joseph perdait tout dans cette journée, et n'avait pour consolation que le courroux de son frère Napoléon, dont la puissance recevait à Victoria un terrible choc, digne fruit de cette guerre d'Espagne, qui fut entreprise, sous des auspices sinistres, par la perfidie la plus noire.

Enfin Joseph arrive à Salvatierra, et la nuit voile sa honte.

Le lendemain les corps se rallièrent, excepté toutefois celui du général Clausel, qui n'avait pu arriver à temps pour la bataille, et qui se trouvait du côté de Logroño, d'où il opéra ensuite sa retraite, par Saragosse et Jaca, sur Saint-Jean-Pied-de-Port. On s'étonna que notre perte en hommes fût aussi peu considérable. Mais que ne peuvent sur l'esprit d'une armée l'incapacité bien reconnue de son chef et le mésaccord entre ses principaux généraux! On eût fait un plan combiné pour amener un tel résultat, qu'on n'eût pas mieux réussi. Oui, c'est peut-être la seule bataille où, sans trahison et sans lâcheté, l'ennemi ait aussi inconcevablement triomphé.

Napoléon ne tarda pas à être instruit de cette catastrophe, et fit écrire circulairement par son ministre de la guerre aux généraux et même aux fonctionnaires qui se trouvaient à Victoria, de rendre compte, sous leur responsabilité personnelle de toutes les circonstances qui avaient précédé, accompagné et suivi cette affaire. Chacun vit que c'était une enquête dangereuse : on n'osa pas dire la vérité dans la crainte d'être compromis, et l'on répondit au ministre d'un style modéré et évasif.

L'armée, défaite et démoralisée, marchait sans artillerie ni bagages sur Pampelune. Dans la direction de Salvatierra à Pampelune, la route est bordée sur la gauche d'une chaîne de montagnes, d'où quelques paysans tiraient des coups de fusil sur notre colonne : la distance était trop grande pour que leur feu pût nous atteindre ; mais notre frayeur grossissait tellement le danger, qu'un jour (c'était le 23 juin) une vingtaine de ces paysans se portent sur un petit mamelon qui est placé sur la route, et quelques coups de fusil suffisent pour arrêter la colonne, et même pour faire fuir des centaines de soldats : cependant des officiers les rallièrent en réveillant leur honneur : l'on marcha de nouveau sur le mamelon, qu'on trouva évacué; et chacun rit de sa peur.

L'on se disait dans les rangs : quand gagnerons-nous l'embranchement de la route de Tolosa à Pampelune ? Ce n'est que là que nous serons en sûreté. Enfin nous arrivâmes le troisième jour de la bataille à la jonction des deux routes, et les murs de Pampelune se présentèrent comme un abri tutélaire aux yeux du soldat effrayé, dénué de subsistances et harassé de fatigues. Joseph et les généraux entrèrent dans la place et l'armée prit position.

L'ennemi, enivré du triomphe de Victoria, perdit un temps précieux à admirer ses trophées : s'il eût poussé franchement sur Bayonne avec le gros de son armée, sans s'inquiéter des places qu'il laissait derrière lui, ni de notre armée qui rentrait forcément en France pour se réorganiser, il se rendait maître de cette clef de la frontière, qu'on avait négligé de mettre en état de défense ; mais il ne détacha qu'une colonne sur la grande route qui conduit de Victoria en France. Le général Foy lui était opposé avec une faible division : son activité et la fermeté de son caractère suffirent pour contenir l'ennemi jusqu'à ce que l'armée française, qui était sous les murs de Pampelune, eût pu franchir les Pyrénées.

L'ennemi, ayant suivi notre mouvement

de retraite, poussa quelques reconnaissances sur la route qui conduit de Tolosa à Pampelune. Il n'y eut que de faibles engagemens; mais sa présence sur ce point avertissait Joseph qu'il y avait du danger pour lui et l'armée qui était sous les murs de Pampelune, à s'arrêter plus longtemps dans cette position. L'on forma la garnison de cette place, qui était approvisionnée pour deux mois : on la livra à ses propres forces, et la retraite s'opéra par Roncevaux et la vallée de Bastan. Le général Foy se replia aussi dans le même ordre par Irun, dont il fit sauter le pont. Ainsi l'armée française occupa la ligne des Pyrénées qui part des montagnes qui couronnent Saint-Jean-Pied-de-Port, et va se prolongeant sur la droite jusqu'à l'Océan, en suivant le cours de la Bidassoa.

Les habitans des Basses-Pyrénées et de la ligne frontière ne furent instruits du désastre de Victoria que par l'arrivée de l'armée. Comme français, ils s'en affligèrent; et leur empressement à accueillir le malheureux soldat qui se battait pour une cause injuste, et à lui prodiguer des soins, émanait des sentimens d'humanité et de patriotisme qui les ont toujours caractérisés, et non d'un attachement coupable à la personne de Napoléon, qui s'était aliéné leur esprit depuis le jour où il avait ourdi à Bayonne cette fatale guerre d'Espagne.

Les étrangers qui se trouvaient en Espagne après la bataille de Victoria, ont été témoins de l'enthousiasme de la population entière. Les espagnols voyaient le terme de leurs maux, et le prix de cette constance héroïque et de ce caractère national qu'ils ont montrés dans cette lutte. Le clergé et les ordres religieux des deux sexes, qui étaient rendus au libre exercice de leur ministère et de leur institut, échauffaient les esprits en montrant au peuple le doigt de Dieu dans la chûte de Joseph et dans l'expulsion des soldats de Napoléon. Les portugais n'avaient pas moins d'exaltation, et croyaient avoir plus de représailles à exercer que leurs voisins les espagnols. Les anglais, Wellington à leur tête, commandaient l'admiration de leurs alliés, et achevaient l'œuvre si difficile de devenir les chefs d'une coalition dont ils n'étaient, dans le principe, que les auxiliaires. La haine pour Napoléon et les trophées de Victoria, furent les liens qui réunirent d'une manière indissoluble ces trois nations contre la France.

A cette époque, quel tableau différent que celui du peuple français! Abattu d'épuisement, appelé à de nouveaux sacrifices pour étayer la puissance ébranlée de Napoléon, tirannisé au dedans, menacé au dehors, placé ainsi entre deux écueils, il faisait tout à la fois des vœux pour le renversement de l'ambitieux qui l'asservissait, et pour le succès de ses armes. Malgré son abattement, il redoutait de voir une invasion ennemie et ses lauriers flétris. Il n'osait espérer encore que la Providence disposât dans sa sagesse l'événement heureux qui a rendu depuis à son amour le frère de Louis XVI.

L'armée française, qui gardait les cols des Pyrénées et le cours de la Bidassoa, trouva dans l'arsenal de Bayonne quelques pièces d'artillerie de campagne qu'elle mit en position, et qui n'eussent certainement pas suffi pour arrêter les progrès de l'ennemi, s'il eût voulu les pousser. Le premier besoin qu'éprouvait l'armée était celui d'un bon chef. Joseph avait cessé de l'être, même avant la remise du commandement. Les opérations furent heureusement nulles jusqu'au

12 juillet, jour de l'arrivée à Bayonne du maréchal Soult, duc de Dalmatie, qui venait de Dresde, en poste, pour prendre le commandement de l'armée des Pyrénées. Son apparition rassura les esprits, les tint dans l'attente de nouveaux et glorieux combats, et fit partir précipitamment Joseph et le maréchal Jourdan.

L'organisation de l'armée fut la première opération dont le maréchal Soult s'occupa : neuf divisions d'infanterie furent formées, ainsi qu'une division de réserve, et deux divisions de cavalerie. La réunion de ces forces, en y comprenant les troupes de l'artillerie et du génie, pouvait être de 55 à 60 mille hommes, indépendamment de quelques bataillons que le général Paris avait ramenés de Saragosse, et qui couvraient les débouchés de Jaca.

Bayonne, ainsi que nous l'avons déja fait observer, n'était point en état de défense : les fortifications de cette place, qui sont de Vauban, notamment les remparts de la ville, étaient dégarnis d'artillerie et dégradés. La citadelle, qui est située sur la rive droite de l'Adour et qui commande la place, n'était pas mieux pourvue. Le général en chef fut frappé de cette négligence, et donna des ordres, non seulement pour l'armement des fortifications déjà existantes, mais encore pour l'élévation de nouveaux ouvrages extérieurs. Ainsi l'on fit le tracé de plusieurs camps retranchés, à l'abri desquels un corps considérable de troupes pût défendre les approches de la place : des corvées furent organisées pour l'exécution de ces travaux, qu'on verra par la suite se développer d'une manière admirable, et faire de Bayonne, qui n'avait été considéré jusqu'alors que comme une place de troisième ordre, un des plus respectables boulevards de la France. La place de Saint-Jean-Pied-de-Port, celle de Navarreins, le fort Socoa, même le Château de Lourdes, qui est situé dans le département des Hautes-Pyrénées, n'échappèrent pas à la prévoyance du maréchal : l'armement et l'approvisionnement en furent ordonnés en même temps.

L'administration en général, et particulièrement le service des subsistances, ne marchait que péniblement et au jour le jour : les réquisitions frappées par le ministère sur les départemens méridionaux s'exécutaient avec lenteur : la denrée n'arrivait point sur les lieux de consommation, et les besoins sans cesse renaissans ne permettaient pas d'attendre : en un mot, il fallait assurer la subsistance du soldat avant de le mener à l'ennemi. Le général en chef surmonta encore cet obstacle, et trouva, sans violence, le moyen de pourvoir aux besoins jusqu'à l'époque où les convois des départemens requis pussent arriver à l'armée.

La caisse de l'armée était vide, et les crédits ministériels, qui ne représentaient que des valeurs idéales, n'étaient que rarement suivis de la remise réelle des fonds : ainsi l'on voit que la solde et toutes les dépenses présentaient un abîme effrayant à combler. Heureusement que le commerce de Bayonne fit de son propre mouvement l'avance de quelques fonds, qu'on n'affecta qu'aux services les plus urgens.

Il s'agissait de reprendre promptement l'offensive et de se reporter en Espagne; et cependant, sur notre ligne frontière, tout annonçait qu'on se mettait en mesure d'opposer une barrière à l'ennemi. C'est à ces prudentes dispositions et à ces soins constans donnés à l'administration, que les capitaines expérimentés se reconnaissent; et c'est pour avoir dédaigné de suivre le même système, que les guerres d'invasion dont nous avons été les malheureux instrumens, ont amené des revers inattendus.

Une campagne offensive paraissait téméraire au premier aspect, après la déroute de Victoria : on craignait que le soldat n'eût pas eu le temps de recouvrer le sentiment de ses forces, et qu'il n'attaquât faiblement un ennemi qui s'était rendu redoutable. Que c'était mal connaître l'esprit du soldat français ! Aussi le maréchal ne s'arrêta-t-il pas à ces faibles considérations : pressé, sans doute, par les ordres secrets qu'il avait de Napoléon, il fit son plan, qui mérite par son importance de nous arrêter un instant.

Le siége de Pampelune et celui de Sáint-Sébastien se poussaient avec assez d'activité. Santoña, qui est sur la côte de l'Océan, était plutôt bloqué qu'attaqué. La première de ces trois places, que nos troupes occupaient encore en Espagne, était celle qui devait exciter le plus la sollicitude du maréchal : il conçut donc le dessein d'en faire lever le siége, de se jeter ensuite, avec le gros de son armée, sur Saint-Sébastien et Santoña, de compromettre les corps ennemis qui se trouvaient sur les hauteurs d'Oyarzun et d'Hernani; et même, sans se faire illusion, il pouvait entrevoir l'espoir de se reporter sur l'Ebre. Mais pour que ce plan réussît, il fallait dans l'exécution la plus grande célérité, et un ensemble qu'il est si difficile d'obtenir dans un pays coupé de rivières et de montagnes, et sur une ligne d'opérations très étendue.

Le centre et la gauche devaient s'ébranler en même temps; et la droite, qui n'aurait été formée momentanément que de la seule division de réserve, devait jeter un pont sur la Bidassoa, et déboucher par Irun à l'instant même que le général qui commandait sur ce point eût su que nos troupes se seraient emparées de la route qui conduit de Pampelune à Tolosa. Ainsi les masses ennemies se seraient trouvées attaquées à la fois par toutes les issues, et essentiellement compromises. Ce plan n'était connu que du chef d'état-major et des officiers-généraux commandant les aîles, le centre et la réserve.

La même opération dégageait le maréchal Suchet des troupes ennemies qui étaient en

Aragon, lesquelles auraient probablement cherché à secourir l'armée qui se serait repliée devant nous.

Voyons maintenant ce que l'exécution a eu de brillant, en quoi elle a manqué, et enfin ce qui a nécessité notre rentrée en France, où nous avons dû reprendre nos premières positions.

Les trois divisions de l'aîle gauche étaient établies à Saint-Jean-Pied-de-Port. L'ordre fut donné aux trois divisions de l'aîle droite qui étaient en avant de Saint-Jean-de-Luz, d'en partir, et de se porter aussi sur Saint-Jean-Pied-de-Port par la ligne la plus courte. Les deux divisions de cavalerie devaient se rendre sur le même point, pour être prêtes à suivre l'infanterie et éclairer le pays. Enfin, 66 pièces d'artillerie de campagne furent disposées pour cette expédition, indépendamment de 20 bouches à feu qui devaient marcher avec la division de réserve, lorsque celle-ci aurait reçu l'ordre de passer la Bidassoa. L'armée devait recevoir, avant de déboucher, des vivres et des fourrages pour plusieurs jours d'avance. Tout était prévu, et l'espoir du succès brillait à nos yeux.

Au moment où les colonnes se mirent en marche sur Saint-Jean-Pied-de-Port, le temps, qui avait été serein dans les premiers jours du mois, tourna subitement à la pluie : en moins de vingt-quatre heures les chemins furent impraticables pour l'infanterie et l'artillerie : la cavalerie même avait peine à s'en tirer. Les ponts sur la Nive où les colonnes devaient passer, furent emportés par les torrens qui descendaient des montagnes. Cet inconvénient eût été léger dans toute autre circonstance; mais qu'il était fâcheux dans celle-ci! notre marche, à la célérité de laquelle était attaché le succès de l'opération, se trouvait indéfiniment retardée. Cependant le mouvement étant donné, nos troupes arrivèrent à Saint-Jean-Pied-de-Port, après des peines et des fatigues incroyables. Deux ou trois jours furent nécessaires pour la réparation de la chaussure et des armes, et pour la distribution des munitions et des subsistances. Enfin le beau temps revint, et tout fut disposé pour l'attaque générale.

Le 25 juillet, l'ennemi fut attaqué sur la ligne par neuf divisions d'infanterie, sous le commandement du baron Clausel, du comte

Reille et du comte d'Erlon. Le général en chef se trouvait à l'extrême gauche avec les divisions du général Clausel. L'ennemi était retranché sur un rocher qui regarde celui de Blanc-Pignon, où notre artillerie et nos troupes arrivèrent par un chemin extrêmement rapide. Le maréchal ordonne qu'on lui envoie quelques boulets : les tirailleurs se lancent, l'affaire s'engage, et paraît traîner en longueur : alors le maréchal donne l'ordre à nos troupes de marcher l'arme au bras à l'ennemi, et de s'emparer du rocher qu'il occupe : deux ou trois régimens se forment et marchent comme s'ils eussent défilé la parade en pleine paix dans une garnison : l'ennemi intimidé de cette contenance résiste faiblement, et cédant par degrés, son feu se ralentit à mesure que nos braves l'approchent : il emmène son canon, et son infanterie fuit devant la nôtre. Nous gagnons le rocher où il se croyait inaccessible : nous le poussons vivement jusqu'à ce qu'il se fût formé sur une nouvelle position.

Un brouillard épais devance la nuit ; et nos soldats ne trouvant point de bois à portée, tombent par essaims sur une réunion de cabanes formées de branches d'arbres, qui avaient servi d'abri aux troupes ennemies, les détruisent en un instant, se chauffent gaiement, et prennent quelque repos. Nous eûmes environ 400 hommes hors de combat dans cette attaque. L'ennemi laissa aussi un assez grand nombre de morts dans les ravins et sur la route.

Les trois divisions de l'aile droite, sous les ordres du comte Reille, prirent leur direction de Saint-Jean-Pied-de-Port sur le rocher d'Arrola et sur Lindous, d'où elles devaient chasser l'ennemi dans la journée même du 25 : mais au moment où les colonnes allaient se mettre en marche, deux bataillons de conscrits, destinés pour une division, arrivèrent sur le terrain ; et au lieu de les renvoyer sur les derrières ou de leur ordonner de suivre le mouvement qu'on allait exécuter, l'on perdit un temps précieux à incorporer ces hommes, qui étaient plus embarrassans qu'utiles ; et l'on crut devoir profiter de cette halte, qu'on prolongea encore, pour achever quelques distributions aux troupes. Cette circonstance qui ne paraît de nulle importance en soi, est néanmoins l'une des principales causes de la résistance invincible qui nous a été opposée à Sorauren; puisque, sans ce retard, nous serions arrivés sur ce point avant que l'ennemi n'eût eu le tems d'y réunir ses forces. Si l'on négligeait de relever les fautes de cette nature et d'en faire voir l'influence, les mémoires sur la guerre n'auraient aucun but d'utilité; mais je les rapporte sans les imputer à tel ou tel officier général: le fait est vrai, celà suffit pour en faire mention. J'ajouterai seulement que le général en chef fut toute la journée du 25 dans les plus vives inquiétudes sur le retard de la marche de l'aîle droite, et qu'il eut sujet de manifester son mécontentement lorsqu'il en apprit le motif. Il était cinq heures du soir quand l'aîle droite fut formée en son entier sur le rocher d'Arrola. Si elle eût marché comme elle le devait, elle eût poussé le même jour jusqu'à Lindous. On voit déjà que l'ensemble manquait dans les mouvemens des divisions de l'aîle gauche et de l'aîle droite, qui n'étaient cependant séparées que par une petite distance.

Le jour même que les mouvemens dont nous venons de rendre compte s'opéraient sur la gauche de l'armée, les trois divisions du centre, sous les ordres du comte d'Erlon, qui étaient sur Ainhoa, attaquèrent et s'emparèrent de la forte position du col de Maya qui domine la vallée de Bastan. Cette attaque fait le plus grand honneur aux armes françaises; et il fallait toute l'intrépidité dont nos troupes sont capables pour parvenir à culbuter l'ennemi d'une position aussi escarpée, qui était défendue par du canon et par de l'infanterie anglaise. Mais quelque obstacle qu'il y eût à gagner le sommet du col, chaque soldat sachant dès la veille qu'il fallait nécessairement y parvenir, le danger dont il était menacé, loin d'intimider son courage, ne faisait que l'exciter. Quand le moral est ainsi monté, les entreprises les plus périlleuses échouent rarement. Le col de Maya fut pris. Notre perte sur ce seul point fut de 1500 hommes hors de combat : celle de l'ennemi s'éleva au moins à 2000 hommes : il perdit aussi quatre pièces de canon.

Le 25 au soir, on ignorait encore à l'extrême gauche le succès brillant des divisions du centre, et même la véritable position des divisions de l'aîle droite.

Tout était paisible sur la basse Bidassoa,

et la division d'infanterie de réserve, ainsi qu'elle en avait l'ordre, ne sortit point de ses lignes.

Le 26, nous nous portons à Linçoin.

Aux premières hauteurs de Lindous un bataillon du 6.me régiment d'infanterie légère de la division Foy charge à la bayonnette le 20.me régiment anglais, et le réduit presque à rien.

L'ennemi évacue Lindous. Les brouillards empêchent les guides des divisions de l'aîle droite de conduire une colonne sur le col de Belate, qu'il eût été important pour nous d'occuper afin de se lier aux divisions du centre. Cet obstacle engage le comte Reille à appuyer sur sa gauche, et il opère sa jonction avec le baron Clausel à l'entrée de Bourguet.

Les opérations se développaient ainsi sur la gauche, tandis que le comte d'Erlon, dont on ne pouvait recevoir de rapports, attendu son éloignement et la difficulté des communications, était arrêté dans sa marche par la position d'Atchiola, où l'ennemi s'était concentré.

Le 27, l'ennemi se voyant pressé sur la route de Pampelune, se retire de Zubiry.

Nous occupons Iros sur la rive gauche de la rivière Larga.

Le 28, le maréchal établit son quartier à Zabaldica.

L'ennemi ayant bien jugé, le 25, de notre plan et de nos forces, fit un grand mouvement sur sa droite. Ses colonnes se portent à marche forcée sur Pampelune : Wellington les conduit. Il fait couronner toutes les hauteurs qui aboutissent à cette place, notamment la montagne d'Oricain, dont la base touche au petit village de Sorauren.

Nous fîmes nos dispositions pour le débusquer de cette position ; mais l'impatiente ardeur de nos troupes ne rend pas les officiers maîtres de leurs mouvemens : elles s'engagent imprudemment sans être appuyées : l'ennemi qui couronnait la montagne, et dont les masses se tenaient cachées à quelques pas du sommet opposé au revers que nos soldats gravissaient, dirigeait sur nous un feu meurtrier : il attend nos tirailleurs à demi-portée, et leur envoie une grêle de balles. Des enfans dans une telle position arrêteraient des héros. Qu'on se figure une haute montagne presque à pic, qu'un homme sans armes et sans sac aurait peine à gravir, défendue par de nombreux ennemis, irrités de nos premiers succès, et menacés d'une défaite complète s'ils cèdent ce dernier refuge; qu'on considère ensuite l'impuissance de nos efforts contre ce mur d'airain, et l'on aura une idée des combats de Sorauren. La première attaque n'ayant point réussi, celles qui se livrèrent successivement pendant deux jours devaient échouer. C'était un spectacle imposant de voir le jeu de notre artillerie, quand l'ennemi, fier de repousser nos tirailleurs de la crête de la montagne, descendait en masse à leur poursuite en poussant des cris de joie: nos obusiers, placés au pied de la position et appuyés presque aux murs du village, faisaient feu sur leurs rangs et les forçaient à la retraite. Alors les combattans rentraient dans leurs lignes, le flanc de la montagne cessait d'être un théâtre de carnage, et après quelques instans de repos nos braves remontaient encore. Nous avons eu 1800 hommes hors de combat à Sorauren : l'ennemi y a essuyé aussi des pertes, mais elles ont dû être moins considérables.

La position de Sorauren devenait de moment en moment plus formidable : les ennemis y arrivaient en foule.

Le canon de Pampelune répondait au nôtre : la brave garnison de cette place nous tendait les bras, et ne doutait pas de sa délivrance : elle profita de l'éloignement momentané de l'ennemi pour se répandre dans la campagne et en ramener des vivres : elle détruisit aussi quelques ouvrages que les assiégeans avaient élevés.

Par celà même que notre principal mouvement s'opérait sur notre gauche, l'ennemi dégarnit la sienne.

La garnison de Saint-Sébastien, qui se disposait à faire une défense héroïque, en profita, et se hâta de réparer les dégradations que la place avait éprouvées, et d'élever de nouveaux ouvrages.

Il était glorieux d'entreprendre de pénétrer jusqu'à Pampelune, mais il eût été téméraire de persister à prendre les hauteurs que l'ennemi défendait. L'impossibilité de franchir cette barrière étant démontrée, la prudence indiqua au maréchal les modifications qu'il convenait d'apporter à son plan primitif.

Les blessés de la gauche furent évacués

sur Saint-Jean-Pied-de-Port, ceux du centre sur Bayonne.

L'artillerie, qui ne pouvait passer le défilé de Sorauren, et qui nous eût embarrassés dans le mouvement de droite, que nous allions opérer par des sentiers et à travers les montagnes, reçut l'ordre de se diriger, par Saint-Jean-Pied-de-Port et Bayonne, sur la basse Bidassoa.

Les vivres, les fourrages, et même les cartouches pouvaient nous manquer totalement si nous nous fussions tenus plus longtemps éloignés de nos points d'approvisionnement. Le général en chef concilia la conservation du soldat avec l'honneur de nos armes.

Le comte d'Erlon s'était porté sur Lanz par le col de Belate.

Le centre se rapprochant de la gauche, nous avions peu de distance à parcourir, en marchant vers lui, pour opérer la réunion de toutes les divisions qui étaient entrées en campagne. Cette jonction ajoutait à nos forces : elle eut lieu le 30 à Lezasso.

Nous laissâmes des troupes devant Sorauren pour masquer notre mouvement; mais des positions élevées que l'ennemi occupait, il dévoila notre marche. Il avait du canon à Sorauren ; il vit que c'était le moment de pousser les corps qui se trouvaient devant lui, et de chercher à les couper. Nous fîmes d'abord bonne contenance dans notre mouvement de flanc ; mais la supériorité du nombre et les accidens du terrain firent naître un instant de désordre, et la division Foy, coupée du restant de la colonne, se retira par les Aldudes, sans être entamée.

Le centre obtenait de nouveaux succès, en même temps que notre gauche fléchissait. Si l'ennemi n'eût pas repris l'offensive du côté de Sorauren, nous poussions infailliblement une pointe sur la route de Pampelune à Tolosa. Il n'eût pas été prudent, d'ailleurs, de s'engager de nouveau sans subsistances dans un pays ennemi ; et le maréchal, satisfait de la bravoure que l'armée venait de montrer, appuya encore sur sa droite, et se dirigea sur San Estevan, qui n'est qu'à une petite journée de marche de notre ligne frontière.

Quand on se retire devant un ennemi qu'on a vivement poussé, il cherche à vous pousser à son tour : aussi fûmes-nous harcelés par plusieurs colonnes. A la tête du bois qui est en arrière de Lezasso, le 26.me de ligne exécuta une charge dans laquelle nous fîmes un grand nombre de prisonniers; et l'ennemi fut plus circonspect.

Le 31, l'armée se mit en marche par les montagnes de San Estevan sur Echalar. Les équipages et quelques blessés s'engagèrent, sans être couverts par un corps de troupes, dans le chemin étroit et encaissé qui conduit à Véra : des paysans armés, placés sur les hauteurs qui sont à gauche de la Bidassoa et qui dominent la route, répandirent le désordre dans cette colonne : quelques détachemens suffirent pour éloigner le feu de ces paysans, et les équipages et les divisions arrivèrent à Echalar.

Dans cette dernière marche, les soldats, moins attentifs à garder leurs rangs, se séparaient de leurs régimens et se dirigeaient isolément, à l'insu de leurs officiers, en avant ou sur les flancs des colonnes : quelques-uns même jetèrent leurs armes comme un fardeau inutile. Le maréchal, se disposant à prendre position, arriva sur la hauteur d'Echalar pour reconnaître le terrain et veiller au bon ordre : il vit ces soldats indisciplinés arrivant successivement dans le village, et cherchant à se dérober à ses regards. L'indignation qui s'empara de son âme à la vue de ces fuyards, développa son caractère : *Lâches! où courez-vous?* leur dit-il. *Vous êtes français, et vous fuyez! Au nom de l'honneur, ralliez-vous, et faites face à l'ennemi.* Secondé seulement de ses aides-de-camp, il réunit 12 ou 1500 hommes, qu'il plaça en position. L'attitude du maréchal dans les momens critiques a quelque chose d'imposant, tant il lui est naturel de se mettre à hauteur des événemens.

L'ennemi, animé par notre retraite, nous attaque vainement à Echalar : nos positions dominant les siennes, nous fîmes un feu meurtrier qui l'arrêta.

La division Foy s'était retirée, par les Aldudes; sur Cambo, au lieu de se porter sur Saint-Jean-Pied-de-Port pour couvrir cette place, où elle reçut ordre de se rendre.

Le centre se replace en avant d'Ainhoa, à ses anciennes positions. Nous nous appuyons au rocher de Zugarramundi et aux contre-forts de la Rhune. L'aîle droite se porte sur la Bidassoa. Le quartier-général s'établit successivement à Sare, à Ascain et à Saint-Jean-de-Luz. Enfin, la cavalerie prend ses cantonnemens entre la Nivelle et la Nive, et aux environs de Dax sur les bords de l'Adour.

Ces détails sur l'expédition de Pampelune étaient nécessaires pour donner au lecteur la facilité d'en apprécier le plan, qui méritait d'être suivi d'un plus heureux succès, et pour lui démontrer que c'est souvent à tort qu'on impute à un général en chef le défaut d'ensemble dans une opération compliquée, dont il lui est impossible de tenir tous les fils.

L'on a vu, dans le mouvement sur Pampelune, que les troupes avaient montré une bravoure vraiment française, et que quelques corps seulement avaient donné l'exemple d'une indiscipline et d'une pusillanimité, qui eût pu devenir contagieux, si le maréchal n'eût fait appliquer, par une commission militaire prévôtale, le code pénal aux soldats qui avaient lâchement jeté leurs armes devant l'ennemi. Cette sévérité, que l'honneur de nos armes exigeait, resserra les liens de la discipline et fit impression sur l'armée.

La longue guerre que nous avons faite en

Espagne , où les communications étaient difficiles, avait insensiblement introduit dans l'armée une multitude d'équipages, qui présentaient le double inconvénient d'embarrasser la marche des troupes, surtout dans les défilés, et de diminuer le nombre des combattans; chaque officier se croyant autorisé à commettre la garde de ses bagages et de son cheval de selle aux soldats de sa compagnie : on avait même toléré que des femmes illégitimes s'attachassent aux militaires et aux fonctionnaires de tous grades : ainsi quand une telle armée était en marche, vous auriez cru voir les perses du temps de Darius, ou les caravanes d'Egypte. Le général en chef mit un terme à ce désordre : il n'y eut plus de bouches inutiles à la suite de l'armée, les officiers d'infanterie furent démontés et marchèrent comme le soldat; et les militaires qui avaient été transformés en domestiques, rentrèrent dans les rangs.

L'on observa que notre perte en officiers était proportionnellement plus considérable que celle en soldats; et, en cherchant la cause de cette différence, on la trouva dans l'organisation d'un corps de tirailleurs d'élite que l'ennemi plaçait, par compagnie, dans chacune de ses divisions d'infanterie. Ces tirailleurs, armés de carabines à longue portée, et d'un calibre plus fort que celui des fusils ordinaires de munition, avaient pour instruction spéciale de ne faire feu que sur nos officiers. On conçoit qu'un homme, ainsi exercé et armé, manque rarement d'atteindre son ennemi, lorsqu'il l'épie et ajuste son coup comme un chasseur qui est à l'affût. Cette organisation est due aux anglais. N'a-t-elle pas, si l'on peut s'exprimer ainsi, quelque chose que le vrai point d'honneur désavoue, puisqu'il est évident qu'elle donne un avantage où la valeur n'a point de part?

L'éloignement momentané de l'armée avait rendu à peu près nulle l'impulsion que le maréchal avait imprimée dès son arrivée à Bayonne, à toutes les branches du service. Les ouvrages de défense n'étaient qu'ébauchés: le versement des subsistances que les départemens devaient fournir, était ralenti: les autorités locales, les habitans même, cherchant à se faire illusion, ne croyaient plus au retour prochain de l'armée sur la frontière: tout languissait dans une fausse sécurité ; et rien n'avait été disposé, ni dans le cas d'invasion, ni pour alimenter les troupes. Cet abandon était d'autant plus fâcheux que le ministère, qui ne s'occupait essentiellement que de l'armée commandée en personne par Napoléon, se bornait à suivre avec l'armée des Pyrénées une correspondance décousue et insignifiante, qui n'amenait aucun résultat. Le gouvernement avait frappé des réquisitions, il avait annoncé des fonds ; et sans s'assurer de l'exécution de ses ordres, il feignait de croire avoir pourvu à tous les besoins. Ainsi la responsabilité du général en chef augmentait en raison du peu de moyens qu'on mettait à sa disposition ; et on le plaçait dans la cruelle nécessité de tout prendre sur lui-même pour conserver l'honneur des armes françaises, sa propre réputation, et l'intégrité du territoire. Il faut donc considérer, dès ce moment, le maréchal comme nanti tacitement de tous les pouvoirs, et le suivre dans sa conduite politique, militaire et administrative.

Le système des réquisitions cache, sous l'apparence d'une juste répartition des charges de la guerre, une source intarissable d'abus; il pèse uniquement sur le propriétaire rural, tandis que le capitaliste, qui n'a point de denrées, lui échappe. Ce système, né de la révolution, applicable peut-être sous un gouvernement populaire, exaspère les esprits sous le gouvernement d'un seul. Je n'hésite pas à le dire, c'est une des causes qui ont rendu les départemens frappés d'appels, si fatigués du joug de Napoléon; et les mots de *réquisition* et de *corvée*, que le peuple prononçait sans cesse en gémissant, annonçaient déjà son généreux retour au souverain légitime.

Le système d'achats eût été bien préférable; mais quel eût été l'homme assez imprudent pour exposer sa fortune, en traitant avec un ministère qui n'inspirait aucune confiance? On connaît l'état des finances à cette époque; on avait sous les yeux l'exemple de fournisseurs ruinés, dont les réclamations étaient à peine écoutées du moment où ils ne pouvaient plus faire de nouvelles avances de fonds. Ainsi l'on se jouait de la fortune et de la bonne foi des particuliers; et l'armée, dans ce discrédit du gouvernement, était traitée à peu près comme étrangère sur le territoire même de la France.

On envoya de la capitale dans les départemens méridionaux, et même à l'armée, un conseiller d'état et des auditeurs à ce conseil, pour presser le versement des denrées.

L'arrivée du conseiller d'état, dont les talens administratifs étaient connus, faisait espérer que sa présence répondrait au but de sa mission ; mais sa frêle santé et un long exercice de fonctions pénibles avaient donné à son esprit une direction lente et indécise qui ne s'adaptait pas aux circonstances : il acceuillait les plaintes et les réclamations ; il cherchait à concilier les besoins urgens du service avec le retard que les départemens mettaient à s'exécuter ; et ce n'était qu'en biaisant qu'il arrivait aux résultats. D'ailleurs, ses pouvoirs n'avaient pas assez d'étendue, et il craignait de prendre l'initiative : en un mot, sa mission eût pu être utile, et elle ne le fut point. Il est vrai que les auditeurs inexpérimentés qui furent placés sous ses ordres, le secondèrent mal : ces jeunes gens n'avaient qu'une activité nuisible au succès des opérations ; ils s'immisçaient souvent dans l'administration militaire, dont ils ne connaissaient ni les détails ni l'ensemble ; et comme ils étaient, pour ainsi dire, la pépinière des sous-préfectures et des autres emplois civils, ils penchaient naturellement pour les autorités locales, qu'ils auraient dû stimuler.

Le manque absolu de fourrage ne permettait point de garder la cavalerie en ligne: on fut obligé de l'envoyer en cantonnemens dans les communes des départemens des Basses-Pyrénées et des Landes, où il y en avait encore.

Ces deux départemens, surtout celui des Basses-Pyrénées, ont nécessairement beaucoup souffert de la longue présence de l'armée sur leur territoire. Le service des fourrages a souvent exigé qu'ils se constituassent en avances pour le compte des départemens éloignés : sans cette ressource, l'armée eût infailliblement perdu tous ses chevaux. Les propriétaires de ces deux départemens méritent des éloges et des dédommagemens pour les sacrifices qu'ils ont faits dans cette circonstance.

Il n'est pas superflu de faire observer au lecteur, qu'en 1793, l'armée des Pyrénées-occidentales, qui occupait nos mêmes positions, nourrissait ses chevaux avec du fourrage qui arrivait par mer des côtes de la

Bretagne dans le port de Bayonne. Il est donc constant que, sans la voie maritime, il est impossible qu'un corps nombreux de cavalerie puisse s'alimenter dans la chaîne des Pyrénées, à moins qu'on ne fasse, à grands frais, de l'intérieur de la France, et par rouliers, des expéditions qui sont extrêmement onéreuses au trésor.

L'armée ayant perdu tous ses équipages à Victoria, nos moyens de transports n'étaient point encore organisés : l'on confectionnait des caissons dans les ateliers de l'intérieur; l'on requérait des chevaux et des mulets pour les attelages : en attendant, le service des divisions se fit par des voitures roulières et bouvières.

J'ai dit que les fortifications de Bayonne qu'on avait tracées dès l'arrivée du maréchal à l'armée, s'élevaient lentement, et avaient été presque abandonnées. Des ordres itératifs furent donnés pour presser et étendre l'exécution de ces travaux, dont l'importance était telle, que le sort de l'armée et celui du midi de la France pouvaient en dépendre. Bayonne devait être la place d'armes de l'armée, le point d'appui et le pivot des opérations. L'ennemi, dont il était facile de prévoir l'invasion, devait être longtemps arrêté sous les murs de cette place. La situation heureuse de Bayonne permet aux assiégés d'exécuter des sorties inopinées par toutes les issues principales, avant que les assiégeans aient le temps de porter leurs forces sur le point menacé : cependant le corps de la place et l'assiette de la citadelle n'offrent pas un grand développement ; et sans l'étendue des ouvrages extérieurs dont le maréchal a conçu le plan et qu'il a fait exécuter sous ses yeux, Bayonne eût été peu respectable ; mais en l'entourant d'inondations, de camps retranchés, de redoutes et d'ouvrages à cornes, l'on formait une double et même une triple barrière. Des ponts sur la Nive et sur l'Adour facilitaient la circulation des troupes de la garnison, tandis que l'ennemi, qui ne pouvait en jeter sur ces deux rivières que hors de portée du canon, devait nécessairement être beaucoup plus lent dans ses mouvemens. Dès lors il aurait fallu aux alliés une armée pour assiéger Bayonne.

La nomination d'un commandant supérieur à Bayonne était nécessaire, le général divisionnaire qui s'y trouvait n'ayant ni assez de nerf ni assez de capacité pour occuper ce poste en cas de siège. Le maréchal fit choix du général Thouvenot, qui était versé dans tous les détails des différentes armes, et qui alliait à un caractère ferme de la modération et des formes polies. Cette nomination ne fut cependant confirmée qu'avec difficulté par le gouvernement. La conduite du général Thouvenot, pendant tout le tems que Bayonne a été livré à ses propres forces, a justifié l'opinion qu'on avait de son mérite.

Ce n'était pas assez d'ajouter aux fortifications de Bayonne, il fallait encore élever une ligne de défense en avant de Saint-Jean-de-Luz, entre la Bidassoa et la Nivelle. La grande route d'Espagne passant sur ce point, on conçoit combien il était essentiel de la fermer à l'ennemi. Depuis la mer jusqu'au bassin qui est au pied de la Rhune, l'on éleva une ligne de redoutes détachées et de retranchemens, qu'on lia par des coupures et des abattis. Les divisions du centre et les divisions de l'aîle gauche se retranchèrent aussi dans les positions qu'elles occupaient.

Tous les travaux étaient en activité; la troupe et l'habitant, armés d'outils, et dirigés par les officiers du génie, donnaient à tout le front d'Espagne une forme défensive et imposante.

L'ennemi se retranchait également de son côté, quoiqu'il reçût de nombreux renforts de l'intérieur de l'Espagne et du Portugal, et surtout des ports d'Angleterre. La dernière attaque qu'il avait essuyée, l'avait rendu plus prudent et plus attentif; et il agissait dans la supposition que le maréchal en méditait une nouvelle. L'on verra bientôt que cette supposition n'était pas sans fondement.

Un corps nombreux d'ennemis s'étant porté sur Jaca, le général Paris, qui commandait sur ce point, fut obligé de laisser une garnison dans le fort, et de se replier sur Urdos avec le restant de ses troupes.

La surveillance du maréchal s'étendait sur les débouchés de la 10.me division militaire, où des corps d'espagnols commençaient à paraître. Le général Travot, commandant cette division, recevait de fréquentes instructions sur les mesures qu'il avait à prendre.

Le général en chef s'établit aussi en communication avec le maréchal Suchet, qui occupait l'Aragon, et avec le général Decaen, commandant en Catalogne.

L'organisation des cohortes de gardes nationales d'élite était décrétée par le gouvernement. A mesure que l'armée s'affaiblissait, le général en chef éprouvait le besoin de renforcer ses derrières. Les départemens les plus rapprochés de l'armée donnèrent l'exemple : les basques, les béarnais, les habitans des Landes et des Hautes-Pyrénées, armèrent quelques compagnies ; mais ce premier élan se ralentit bientôt.

La garnison de Saint-Sébastien respira pendant environ quinze jours, et elle profita, comme on l'a dit, de cet intervalle, pour élever quelques ouvrages de défense et se ravitailler. Tout annonçait que le siège allait être repris avec une nouvelle vigueur, l'ennemi attachant une grande importance à faire tomber cette place.

De Saint-Jean-de-Luz au port de Saint-Sébastien, la navigation n'est pas longue : une nuit suffit à une chaloupe équipée de bons rameurs et favorisée des vents, pour faire ce trajet : le pilote était bien attentif à observer l'horison, et s'il ne découvrait point de canonnières ennemies, la chaloupe sortait du port à la chûte du jour, et se glissait, en longeant la côte, jusqu'à sa destination. C'est ainsi que l'armée communiquait avec Saint-Sébastien ; mais bientôt les anglais couvrant la mer d'embarcations légères, les ports de Saint-Jean-de-Luz et de Saint-Sébastien se trouvèrent bloqués.

Le général en chef avait depuis quelques jours le projet de faire une tentative pour dégager la garnison de Saint-Sébastien, en forçant la ligne ennemie qui était sur la gauche de la Bidassoa. L'expédition était délicate, quoique simple en apparence, et demandait autant de prudence que de fermeté. Il n'existait plus de pont sur la Bidassoa depuis qu'on avait fait sauter celui d'Yrun dans la retraite de Victoria. Ce n'était pas directement sur ce point qu'il convenait de déboucher, et il fallait passer la rivière un peu plus haut entre Yrun et Véra, occuper la position de Saint-Martial, le contre-fort de la montagne couronnée, et se diriger ensuite de position en position, et par un mouvement de flanc, jusque sous les murs de Saint-Sébastien. L'attaque devait être imprévue et soudaine, et notre armée, placée en échelons depuis Saint-

Jean-Pied-de-Port jusques à la mer, se tenir tellement liée, que la gauche ni le centre ne pussent être forcés, tandis que les colonnes d'attaque obtiendraient des succès. Quand deux armées d'inégales forces sont en présence, et que la plus faible prend l'offensive, celle-ci se compromet essentiellement, si le général qui la commande ne prévoit toutes les chances, et ne prend d'avance toutes les précautions, pour qu'il ait, quoiqu'il survienne, la faculté de se replacer à ses premières positions. Le plan est conçu et dirigé sur ce principe.

Trois divisions, sous les ordres du comte Reille, formaient l'attaque de droite : quatre divisions, sous le commandement du baron Clausel, celle de gauche ; et le comte d'Erlon, avec les trois autres divisions, observait les divers débouchés qui viennent de la montagne de la Rhune, du col de Maya et de la haute Nive, prêt à se porter, au premier ordre, sur tous les points. Deux régimens, six compagnies d'élite, et 250 gendarmes, formaient toute la cavalerie que nous avions pu faire venir des derrières. Une nombreuse artillerie de position et de campagne était en ligne.

Les troupes réunies dans la journée du 30, se tiennent cachées dans les revers des contre-forts ; et le 31 août, au point du jour, deux ponts sur haquets ayant été jetés entre Véra et Yrun, nous passons la Bidassoa sans obstacle, et nos tirailleurs sont aux prises.

C'est encore un excès d'ardeur qui emporte nos troupes : cependant la droite s'empare d'une position détachée du mont Saint-Martial : d'épaisses broussailles ne permettent pas aux masses de se mouvoir : le soldat court au feu, et s'engage sans être soutenu : l'on ne voit que tirailleurs montant sur un contre-fort. Une armée entière, ainsi éparpillée, ne pourrait tenir contre une colonne bien serrée qui descendrait d'un plateau pour la charger. Plus nos soldats s'engageaient, plus on devait craindre qu'ils ne fussent ramenés. Ce que l'on appréhendait arriva, et nos tirailleurs rétrogradent devant des masses. Ce n'était pas que le danger fût imminent, puisqu'ils se trouvaient soutenus à une petite distance ; mais il était fâcheux d'avoir fatigué et exposé inutilement le soldat, et d'éprouver encore une fois que la bravoure est souvent nuisible à la guerre, quand elle est dirigée par des officiers qui ignorent les premiers élémens de leur art.

L'attaque de gauche fut plus heureuse, les obstacles qu'elle avait à vaincre étant moindres; mais ses succès isolés étaient de nul effet tant que la droite n'avançait pas. D'ailleurs le général Clausel, qui la commandait, avait sur son flanc un corps ennemi de 10 à 12,000 hommes placé en observation. Il dut laisser une division pour le contenir: il n'y avait donc réellement à la gauche que trois divisions qui fussent engagées.

De la position de la Bayonnette, qui est très élevée, l'on voyait tout à la fois l'attaque de droite et celle de gauche, l'embouchure de la Bidassoa, où les canonnières ennemies étaient mouillées, et, dans la perspective, le fort de Saint-Sébastien tel qu'un volcan en éruption.

Au moment où les avantages et les obstacles étaient à peu près balancés sur la rive gauche de la Bidassoa, et que l'affaire pouvait s'engager de nouveau d'une manière décisive, le général en chef reçoit du comte d'Erlon le rapport que trois fortes colonnes ennemies, venant de différentes directions, débouchaient sur lui. Cet avis change soudainement les dispositions : le feu cesse, nos troupes se rapprochent de la Bidassoa. Un de ces violens orages, dont on voit la description dans les poëtes, et qui sont si rares dans la nature, éclate au même instant sur nos têtes : des torrens de pluie nous inondent et pénètrent nos armes : la droite repasse en entier sur la rive opposée ; mais la presque totalité des troupes du général Clausel sont obligées, par la crue subite des eaux, de rester sur la rive gauche. Un nouveau rapport du comte d'Erlon annonce que les trois colonnes qui marchaient sur lui, ont arrêté leur mouvement : ainsi plus d'inquiétudes à cet égard. Le seul regret qui nous restait, était d'avoir fait une tentative inutile pour dégager la brave garnison de Saint-Sébastien.

Dans la nuit, l'ennemi avait repris le pont de Véra, qu'on avait négligé de faire garder, ainsi qu'une maison crénelée qui en était à portée. Le général de division Vandermazen, qui était resté avec ses troupes sur la rive gauche de la Bidassoa, conduit lui-même une compagnie pour forcer le passage : atteint d'un coup de feu, il expire : ses dernières paroles sont des ordres de service. Ce brave et modeste militaire n'était que simple membre de la légion d'honneur. Il a laissé des regrets sincères à l'armée, et une nombreuse famille sans fortune, qui a été recommandée au gouvernement.

Le général de division Lamartinière reçut également dans cette affaire, une blessure dont il est mort. C'était un officier distingué sous tous les rapports.

Notre perte totale en hommes hors de combat, s'est élevée le 31 août à 2,800, parmi lesquels nous comptâmes un grand nombre d'officiers.

Celle de l'ennemi a dû être au moins égale, le feu de notre artillerie et de notre mousqueterie ayant constamment été bien nourri.

Plus d'espoir de rentrer en Espagne, ni de faire lever le siége de Pampelune et de Saint-Sébastien : deux expéditions tentées sans succès, avaient assez prouvé l'insuffisance de nos moyens, qui furent encore affaiblis par ces combats opiniâtres. Les renforts considérables que l'ennemi ne cessait de recevoir, firent plus que réparer ses pertes : ainsi l'accroissement de ses forces et la diminution des nôtres étaient tous les jours plus sensibles ; et tous nos vœux se bornaient maintenant à opposer une digue au torrent qui menaçait de se répandre dans le midi de la France.

Le service des fourrages est presque nul : les fonds manquent constamment pour faire face aux dépenses administratives et à la solde. La grande armée fixe les regards de l'Europe, et tient tous les esprits en suspens. Celle des Pyrénées, qui par ses opérations avait une si grande influence sur le sort de la France, n'en est pas mieux traitée par le ministère, qui persiste à l'abandonner à ses faibles moyens.

L'activité et l'énergie du maréchal croissent avec les obstacles.

On jette un pont sur la Nivelle, au dessus de Saint-Jean-de-Luz. A Cambo, sur la Nive, l'on construit une double tête de pont. On ajoute aux fortifications de Saint-Jean-Pied-de-Port et de Navarreins. Tous les débouchés sont fortifiés et gardés ; et les places de la 10.me division militaire, dont Perpignan est la plus importante, sont mises en état de défense.

Les chevaux de cavalerie et d'artillerie sont cantonnés à plusieurs journées de marche de la ligne.

L'armée alliée que nous avions à combattre, était forte de cent quarante mille hommes : nombre effrayant comparativement à celui que nous avions à lui opposer. Une levée était décrétée pour renforcer l'armée des Pyrénées ; mais en attendant que les recrues arrivassent, nos rangs s'éclaircissaient, même sans le feu de l'ennemi, soit par le départ de nos meilleurs soldats, qui entraient dans la garde impériale, soit par la dissolution des corps de la garde royale de Joseph, dont beaucoup d'étrangers faisaient partie, soit enfin par l'éloignement nécessaire de quelques régimens espagnols, qui jusque-là avaient suivi le sort de l'armée française, mais qui, témoins de notre affaiblissement, et découragés, avaient formé le complot de déserter à l'ennemi.

Le seul moyen de remonter les affaires en Espagne eût été d'établir un concert d'opérations entre l'armée d'Aragon et celle des Pyrénées, de faire déboucher par Jaca un corps de troupes d'au moins quarante mille hommes, qui se serait dirigé, suivant les circonstances, soit sur la Navarre, soit sur l'Aragon, et de ne laisser dans la chaîne des Pyrénées, que les forces strictement nécessaires pour garnir et défendre les places, forts et ouvrages de campagne. Mais l'époque brillante des conquêtes était passée, et nous touchions au moment où l'aigle impériale allait revenir sur le Rhin.

Si les efforts qu'on faisait pour opérer l'organisation des gardes nationales d'élite, n'eussent pas été à peu près inutiles, l'on eût été très embarrassé de les armer, tant les fusils étaient devenus rares : les arsenaux en contenaient à peine assez pour l'armement des conscrits de nouvelle levée. C'était, depuis la première guerre de la révolution, la seule époque où l'intérieur de la France présentât un dénuement aussi déplorable.

Les gouvernemens qui avaient précédé, n'avaient pas craint de laisser les citoyens armés : chaque particulier avait un fusil dans sa maison, sans que l'autorité en conçût de la défiance ; mais il appartenait à Napoléon d'arracher les armes à tout ce qui n'était pas soldat, afin de mieux assurer la levée de la conscription, et de prévenir les mouvemens populaires.

Le 7 octobre fut un jour de surprise, je dirai même d'abattement, pour l'armée : l'ennemi met le pied sur notre territoire. Le maréchal passait la revue des divisions du centre, lorsque des colonnes débouchent pour les attaquer. En même tems le canon se fait entendre du côté de la basse Bidassoa. Le maréchal jugea bientôt que l'attaque du centre n'était que feinte, et que celle de droite était réelle. Il se porte comme un trait en avant de Saint-Jean-de-Luz : il arrive, il n'était plus tems, l'ennemi occupant déjà les hauteurs de la Croix des Bouquets et de la Bayonnette, où ses masses étaient formées.

Voici comme l'ennemi effectua son passage.

La Bidassoa est guéable sur plusieurs points : les alliés, feignant de jouer sur la rive gauche, profitent de l'instant où la mer est à son plus bas degré, pour passer la rivière vis-à-vis Hendaye, qui n'était point fortifié. Nos postes surpris se replient. La colonne ennemie, grossissant de plus en plus, s'avance, les pousse encore, et marche dans la même direction jusqu'à hauteur de la Croix des Bouquets et de la redoute de la Bayonnette. Une autre colonne passe aussi la Bidassoa à un gué plus rapproché d'Irun. Nos troupes perdent un tems précieux à se former : l'ennemi se rend maître sans effort de la Croix des Bouquets; et la redoute de la Bayonnette, attaquée vivement par son flanc et presque débordée, est évacuée.

Voilà le rapport qui fut fait au général en chef; mais il vit bien, sans qu'on le lui dît, que le général de division qui commandait les belles positions que nous venions de perdre, méritait au moins le reproche de négligence.

L'armée ni l'habitant ne se seraient jamais doutés que l'ennemi eût pu pénétrer si facilement par cette direction ; et quoique ce fût une de ces surprises qu'offrent les chances de la guerre, et que l'honneur de nos armes n'en reçût aucune atteinte, le mal n'en était pas moins irréparable : c'était le signal d'attaques plus vigoureuses; l'ennemi, par ce coup de main, acquérant un avantage incalculable pour les opérations subséquentes.

Nous perdîmes à cette attaque six pièces de campagne et une batterie de côte ; mais notre perte en hommes fut très légère.

Dans la nuit, toutes les dispositions furent faites pour recevoir l'ennemi en cas de nouvelle attaque : mais il crut prudent de s'affermir sur les hauteurs qu'il occupait ; et il s'écoula heureusement du temps avant qu'il ne reprît son mouvement offensif.

L'ennemi occupe aussi la sommité de la Rhune. Cette montagne est marquante dans la guerre des Pyrénées ; et il importe beaucoup à l'une ou l'autre armée d'en être maître ; attendu que par son extrême élévation, et plus encore par sa situation, elle facilite également l'entrée, soit de l'Espagne, soit de la France.

A Saint-Sébastien, une bombe lancée par l'ennemi met le feu à un parc d'obus qui était dans la place, et oblige la garnison à se retirer dans le fort. Quatre assauts sont livrés dans le cours du siége : le dernier est tenté par un corps d'officiers anglais, qui montent à la brèche. Quand les restes de la garnison capitulent, pas une seule pièce d'artillerie ne pouvait faire feu. Combien n'est-il pas honorable de ne céder qu'à cette extrémité ! Brave général Rey, qui commandiez à Saint-Sébastien, votre nom est inscrit au temple de mémoire ! Les anglais, justes appréciateurs de la bravoure, traitèrent nos troupes avec la plus grande distinction : cependant, aux termes de la capitulation, qui est du 8 septembre, la garnison fut considérée comme prisonnière de guerre.

Dirai-je que les espagnols imputent aux anglais d'avoir mis le feu à la ville de Saint-Sébastien, après la reddition de la place, et de s'y être livrés aux plus grands excès ? Dirai-je que, par cette action, indigne d'un allié, les anglais ont profondément blessé les habitans du Guipuzcoa dans leurs intérêts les plus chers, et plus encore dans leur amour-propre ? On sait qu'il n'est pas de peuple plus sensible à l'outrage que le peuple espagnol, et qu'il conserve encore quelques traits de cette fierté chevaleresque que le grand Capitaine et le Cid lui imprimèrent.

Deux embarcations légères, arrivant de Santoña, annoncent que cette place est dans une situation rassurante.

L'ordre est donné au général Paris de se

porter avec ses troupes sur Saint-Jean-Pied-de-Port, après avoir toutefois assuré la défense des débouchés qui viennent de Jaca.

Dans la journée du 8 octobre, on évacua sans motif la redoute de Sainte-Barbe, située en avant de Sare sur le contre-fort de la Rhune. Le maréchal ordonne qu'on la reprenne. Dans la nuit du 12 au 13, trois bataillons se portent sur cette redoute, et ramènent 200 prisonniers, dont 15 officiers. Au point du jour, l'ennemi, irrité de notre coup de main, revient sur Sainte-Barbe, mais il est repoussé.

La Nivelle était une ligne de défense bien faible à garder ; mais négliger d'en tirer parti pour en défendre le passage à l'ennemi, eût été une faute que le maréchal ne commit point. De nouveaux ouvrages sont élevés sur la rive droite de cette rivière, et un pont est jeté au dessous d'Ascain.

Le canon de Pampelune se fait entendre à Saint-Jean-Pied-de-Port. Quoique cette première place dût être considérée comme perdue, la certitude qu'elle tenait encore nous intéressait infiniment, puisque sa reddition eût ajouté le corps de troupes qui en formait le siége aux forces considérables que l'ennemi avait déjà en ligne.

L'on avait cru jusqu'alors que la route qui conduit à Jaca, par le col de Canfran, ne pouvait être rendue praticable pour les voitures, surtout en hiver. Le maréchal ne renonçant pas au plan de déboucher par Jaca, pour agir de concert avec l'armée d'Aragon, fit résoudre affirmativement le problême par des ingénieurs des ponts et chaussées, qui se transportèrent sur le terrain.

Si les alliés n'eussent pas mis la plus grande activité à se fortifier sur la rive droite de la Bidassoa, on eût pu tenter de les rejeter de notre sol ; mais ils s'y étaient retranchés, et une telle entreprise eût infailliblement échoué. Il nous convenait mieux de profiter de leur inaction pour perfectionner nos ouvrages de défense, travailler à la réorganisation des corps qui avaient le plus souffert, exercer les conscrits qui commençaient d'arriver dans les dépôts, et laisser ainsi l'ennemi dans une position que les pluies qui tombaient à torrens, et l'approche de l'hiver, rendaient de jour en jour plus critique.

Les espagnols des provinces méridionales étaient exposés à l'intempérie de la saison sur la sommité de la Rhune et sur les autres positions des Pyrénées : les tentes qu'ils avaient dressées pour se mettre à l'abri de la pluie, ne pouvaient résister à l'impétuosité des vents qui soufflaient par intervalles : les feux autour desquels ils se groupaient s'éteignaient sous les eaux : manquant de liqueurs spiritueuses qui pussent les réchauffer, et quelquefois de pain, ils cédaient à l'horreur de leur situation, en désertant par essaims : nos postes recevaient ces malheureux : leurs visages défaits, le mauvais état de leurs vêtemens, et surtout l'avidité avec laquelle ils se jetaient sur les secours qu'on leur prodiguait, attestaient mieux que leurs dépositions, combien ils avaient enduré de privations. Les anglais, voulant prévenir une plus sérieuse défection, ne confièrent plus, pendant la nuit, les postes avancés aux troupes espagnoles, et les surveillèrent de près.

Le mauvais temps nous était si favorable, à la même époque, que deux ou trois courriers dépêchés du quartier-général ennemi, et prenant le chemin de traverse qui conduit de Véra à Hendaye, tombèrent successivement dans nos postes avancés, comme des oiseaux de passage qui donnent dans un piége.

Nos troupes recevaient journellement de l'eau-de-vie. Le retour du beau temps allait ramener les combats, et il était essentiel de maintenir la santé et la vigueur du soldat.

Profitons de ces jours de repos, pour faire connaître un établissement administratif, dont l'armée a tiré de puissans secours.

Immédiatement après l'affaire de Victoria, et par conséquent avant que le maréchal Soult ne prît le commandement de l'armée, les préfets des Basses-Pyrénées et des Landes invitèrent le commerce de Bayonne et de Saint-Esprit à faire un fonds de cinq cents mille francs, par forme d'emprunt, et au moyen d'une fixation basée sur la fortune approximative des propriétaires et des négocians de ces deux villes, pour subvenir aux besoins les plus urgens de l'armée. Ce fonds était administré par quatre négocians des plus recommandables, qui se réunirent sous la dénomination de *Comité de la caisse patriotique de Bayon-*

ne (*). Le remboursement des avances était imputé sur les crédits ouverts par le ministère ; et après des services réels rendus sans aucun prélèvement d'intérêts, le comité rentra, quoique avec difficulté, dans l'intégrité du fonds qui avait été formé.

Le maréchal Soult voyant avec peine que cette heureuse création, vraiment nationale et indépendante de toute autorité, cessait insensiblement son exercice et menaçait de s'éteindre ; la ranima par le seul empire de la persuasion, et par le développement lumineux d'un système d'administration financière, qui assurait tout à la fois, aux prêteurs la garantie de leur contingent, et à l'armée une ressource précieuse dans une somme peu considérable il est vrai, mais qui, appliquée constamment aux dépenses les plus urgentes, et remboursée successivement par les crédits ministériels, représentait un fonds inépuisable. Le comi-

(*) M. Basterreche fut président de ce comité. Ce simple particulier, distingué moins encore par sa fortune, qui ne laisse pas d'être considérable, que par ses talens et son dévouement pour le bien public, ne sera jamais, comme tant d'autres, au dessous du rang où il pourrait être appelé.

té, convaincu par les raisons pressantes du maréchal, se livra de nouveau avec confiance et désintéressement.

L'artillerie, le génie, les subsistances, les hôpitaux, toutes les branches de service, recouraient au comité quand la caisse de l'armée n'avait pas de fonds, et même quand les fonds qu'elle pouvait avoir étaient imputés *ad hoc* à une dépense distincte de celle qu'on voulait couvrir. Ainsi le comité, affranchi de toutes les formalités administratives, et régi d'après les principes les plus simples d'une banque commerciale, rendait à l'armée des services plus constans que la caisse du trésor.

Cependant il ne se présentait point d'entrepreneurs pour le service des fourrages ni pour celui des transports. Il était naturel d'engager encore le comité à se charger de ces deux fardeaux, les négocians qui le composaient ayant chacun une fortune assez considérable pour se livrer à ces entreprises ; mais par celà même que leur existence commerciale était bien consolidée, leur crédit eût pu recevoir quelque atteinte, si on les eût vus se lancer dans ce nouveau genre de spéculation : aussi résistèrent-ils constamment aux sollicitations qui leur furent faites, en persistant dans leur système d'indépendance. Les fonctionnaires de l'armée n'avaient donc pas une action directe ni déterminée sur le comité, qui ne voulait recevoir de lois que de son propre dévouement. Il faut avouer, qu'administrativement parlant, cette indétermination d'attributions était ignorée jusqu'alors aux armées ; et qu'elle aurait pu entraîner quelques inconvéniens, si d'ailleurs la moralité généralement reconnue des membres de la caisse patriotique, n'eût offert une garantie plus certaine que des formalités.

Le gouvernement, instruit officiellement de l'établissement du comité de Bayonne, et voyant l'utilité dont il était à l'armée; lui assigna des crédits sur les départemens, pour payer les frais de transport des denrées provenant de réquisition ; et lui délégua également des annuités sur les receveurs généraux, pour acquitter d'autres dépenses. Le comité, sans se lier par aucun traité, avait cependant consenti à acheter des fourrages et quelques denrées, en comptant de clerc à maître du prix d'achat et des frais.

Au moment où le comité rouvrit sa caisse à l'armée, le maréchal écrivit circulairement aux préfets de la Gironde, de la Haute-Garonne, de Tarn-et-Garonne et de Lot-et-Garonne, pour les engager à suivre l'exemple du commerce de Bayonne, en formant à Toulouse un fonds de quinze cents mille francs, et à Bordeaux un autre fonds d'égale somme. Afin d'obtenir ce résultat, le système fut développé aux préfets avec la plus grande clarté, et les raisons d'intérêt public sur lesquelles il reposait, leur furent présentées dans toute leur force : mais l'ennemi était encore bien éloigné de la Garonne ; et comme il est rare qu'il y ait du dévouement là où il n'y a pas de danger imminent, les préfets ne trouvèrent pas leurs administrés favorablement disposés : on se déroba au système par des subtilités, et le commerce de Bayonne n'eut point d'imitateurs.

Du rejet de cette proposition, et de la supposition gratuite que le comité de Bayonne trouvait son intérêt particulier à vouer ses services à l'armée, sont nés les obstacles sans nombre qu'il a eus à surmonter, et ces déclamations puériles de quelques individus obscurs, soit contre le comité, soit contre des fonctionnaires de l'armée.

Cette digression sur le comité de la caisse patriotique de Bayonne, pourra paraître longue à quelques lecteurs; mais elle était nécesasire pour éclairer la partie administrative de ce mémoire.

Revenons aux événemens purement militaires.

La nouvelle du désastre de Leipsick fut un coup de foudre pour l'armée des Pyrénées. Les bulletins, communiqués aux divisions, l'annonçaient sans déguisement. Ignore-t-on que, depuis la campagne de Russie, Napoléon ne pouvant voiler ses revers, paraissait vouloir se faire un mérite de sa sincérité ? Mais qui ne sait aussi que c'était pour préparer les français à de nouveaux sacrifices, et en obtenir de prompts secours, qu'il avouait de grandes pertes? L'armée des Pyrénées, qui appuyait ses espérances sur les succès de la grande armée, vit dès ce moment qu'elle n'en devait rien attendre; et qu'il fallait qu'elle suppléât par la force morale à la faiblesse du nombre, pour soutenir avec gloire les attaques qui allaient lui être livrées.

Des émissaires annonçant que l'armée alliée se disposait à reprendre ses opérations, le maréchal Soult ordonna que la diane fût battue à trois heures du matin dans tous les camps, et que les troupes restassent formées jusqu'à ce qu'on eût l'assurance que l'ennemi n'attaquerait point de la journée. Plusieurs jours se passèrent ainsi dans une fatigante surveillance. La sécurité renaissait peu à peu de cet état d'indécision : le maréchal seul, toujours sur pied, ne s'abusait point : il ne doutait pas que nous ne fussions attaqués au premier beau temps.

Enfin, le 10 novembre, les eaux s'étant écoulées, le terrain étant sec, et le ciel promettant un beau jour; l'ennemi, entre six et sept heures du matin, nous attaque sur toute la ligne. Le général en chef était en observation en avant de Saint-Jean-de-Luz, quand le premier coup de canon fut tiré.

Voici la position de nos troupes :

Deux divisions et la réserve d'infanterie, à la droite, sous les ordres du comte Reille.

Une division, sur les hauteurs de Serres et d'Ascain, sous les ordres du général Darricau.

Trois divisions, en avant et en arrière de

Sare, sous le commandement du général Clausel.

Deux divisions, en arrière d'Ainhoa, commandées par le comte d'Erlon.

Le général Foy, avec sa division, s'était porté de Saint-Jean-Pied-de-Port sur Bidarray pour manœuvrer, en cas d'attaque, sur le flanc droit de l'ennemi, et chercher à le compromettre.

La cavalerie en seconde ligne.

Toutes les forces de l'ennemi débouchent sur nous. Le comte Reille et le comte d'Erlon tiennent ferme à leurs positions ; mais les divisions du général Clausel, attaquées par vingt ou vingt-cinq mille hommes, se défendent assez faiblement, et se retirent devant l'ennemi. Ces divisions formant le centre de notre ligne, leur mouvement rétrograde oblige le comte d'Erlon, après avoir fait bonne contenance contre les forces qu'il avait devant lui, à se replier sur la position d'Habancenborda, située en arrière de Saint-Pée : sans celà, il eût été coupé par sa droite du restant de l'armée.

Le maréchal, qui, comme on l'a dit, se trouvait aux divisions de droite, connut, par la direction du feu, que l'ennemi faisait des progrès sur le centre. Il se porte sur les hauteurs de Serres, et là, il est témoin des tristes résultats de la journée : il apprend qu'un bataillon du 88.me régiment, qu'on n'a pas secouru, a été pris dans une redoute qu'il défendait, et que le général de division Conroux de Pépinville est blessé à mort. La nuit fait taire le feu.

Nous ne pouvions plus rester sur la Nivelle. L'ordre de mouvement est donné, et le 11 au matin, l'armée prend position, la droite à Bidart, et la gauche à Arrauns, occupant la montagne de Sainte-Barbe.

Le général Foy ne recevant pas à temps l'ordre de se porter sur Espelette, pour se lier aux divisions du comte d'Erlon, débouche sur le Gorospil. Il rencontre la division espagnole de Murillo, qui couvrait le flanc droit et les derrières de l'armée ennemie, l'attaque vivement, la mène battant jusques au défilé du col de Maya, prend tous ses bagages, lui fait 150 prisonniers, et se replie sur Cambo. Cette diversion, peu importante dans la circonstance, eût produit le plus grand effet, si l'armée eût pu se maintenir aux positions d'Ainhoa et de Sare.

Notre perte, dans la journée du 10 novembre, peut être évaluée de 3,000 à 3,500 hommes hors de combat. Nous avons dû abandonner quelques canons en fer, qui étaient placés dans les ouvrages, et une seule pièce de campagne enfouie dans les boues. L'ennemi a beaucoup souffert sur tous les points.

Le général Clausel a été le premier à déclarer, quoique à regret, que les divisions sous ses ordres n'avaient pas également bien fait leur devoir. Si elles se fussent battues avec cette ardeur qu'elles ont montrées dans plusieurs combats, soit avant le 10 novembre, soit postérieurement; l'ennemi, malgré la supériorité du nombre, n'aurait pas forcé notre ligne sans avoir essuyé une perte de 15 à 20,000 hommes.

Le 12, l'armée se concentre encore sur Bayonne, et le quartier-général s'établit dans la place.

Le même jour, le général Foy est attaqué à Cambo avec du canon : la double tête de pont, qui est sur la Nive, protége sa défense, et l'ennemi est repoussé.

L'ordre est donné au comte d'Erlon de se placer entre l'Adour et la Nive, pour défendre le passage de cette dernière rivière.

Quatre divisions d'infanterie, en y comprenant celle du général Foy, sont mises sous son commandement, ainsi qu'une division de cavalerie.

Les autres divisions de l'armée travaillent sans relâche au perfectionnement des ouvrages extérieurs de la place et de la citadelle de Bayonne.

Après la bataille de Victoria, et quand l'ennemi nous repoussa sur nos frontières, il n'est pas de militaire, instruit des forces disproportionnées et des positions respectives des deux armées, qui n'ait considéré comme un malheur inévitable, si nous ne recevions point de renforts, l'invasion très prochaine du territoire placé entre la Bidassoa et la Garonne : cependant quatre mois s'étaient écoulés depuis l'arrivée du maréchal Soult à Bayonne, et l'ennemi était encore en avant de cette place. C'est à la reprise de l'offensive de notre part, qu'est due cette lenteur dans les progrès d'un ennemi qui ne donnait rien au hasard, et qui paraissait avoir pour principe de mettre de longs intervalles dans ses opérations, et de calculer toutes les chances. Si une armée française se fût trouvée dans la situation brillante des alliés après la défaite de Victoria, rien n'eût arrêté la suite de ses succès : tant le génie des nations a de divers effets dans le métier des armes.

Depuis quelques jours, des bruits circulaient que Pampelune avait capitulé ; mais les ennemis ne voulant pas que l'officier français, porteur de la capitulation, pût donner des renseignemens utiles sur leurs forces ni leurs mouvemens, le retinrent jusqu'à l'issue de l'affaire du 10 novembre. L'arrivée de cet officier fixa notre incertitude. Pampelune ne s'est rendu que par le manque absolu de subsistances ; et la défense de cette place fait honneur à sa garnison, qui a été traitée comme prisonnière de guerre.

Après avoir reconnu avec soin la rive droite de la Nive depuis Bayonne jusqu'à Cambo, le maréchal jugea, par les gués nombreux qu'il y a sur cette rivière, et par les préparatifs que l'ennemi faisait sur la rive gauche, qu'il serait très difficile d'empêcher le passage : il prévit qu'il serait tenté sur plusieurs points à la fois, et qu'il réussirait probablement sur quelques-uns : dès lors la double tête de pont de Cambo pouvait être débordée, et les troupes qui la défendaient compromises. Ainsi l'ordre fut donné au général Foy, qui en avait le commandement, de faire sauter cette tête de pont, *si l'attaque de l'ennemi devenait générale*, mais de la conserver et de s'y maintenir, *si l'attaque n'était que partielle.* Cet ordre n'était pas équivoque.

Cependant, dans la nuit du 15 au 16 novembre, l'ennemi se présente devant la tête de pont : l'officier qui commandait sur ce point, croit d'abord que l'attaque est générale, et, sans autre examen, fait sauter le pont : disposition anticipée et irréfléchie, qui prouva encore une fois que c'était précisément dans les opérations importantes qu'on saisissait mal l'esprit des ordres du général en chef, quoiqu'ils fussent tous marqués au coin de la plus grande clarté, et qu'ils ne pussent recevoir deux interprétations.

La dernière main est mise aux travaux de Bayonne. Il en est à peu près des ouvrages de fortification comme de ceux d'architecture : quoique l'ensemble du plan soit arrêté, l'idée des accessoires ne vient que successivement, et il reste toujours quelques parties à perfectionner. Le maréchal animait par sa présence les officiers du génie et les travailleurs : il visitait tous les jours les retranchemens. Chaque coup de pelle ou de pioche ajoutait, pour ainsi dire, à notre sécurité ; et il fallait mettre l'ennemi dans l'impossibilité de rien entreprendre sur la place.

Un pont de bateaux est établi sur la Nive au dessus de Bayonne, entre la place et les ouvrages extérieurs, dans l'objet de faire passer les troupes et l'artillerie d'une rive à l'autre sans traverser la ville.

Une flotille de vingt chaloupes canonnières et quelques bricks de guerre, qui étaient déjà en rivière, pouvaient être très utiles pour favoriser la navigation de l'Adour, et agir contre les entreprises de l'ennemi. Le maréchal donna en conséquence les ordres les plus formels au commissaire chargé du service maritime à Bayonne, ainsi qu'au commandant supérieur de la place.

La ville de Dax sur l'Adour était entourée autrefois de murailles, que le temps avait en partie détruites. Le général en chef les fait réparer et entourer de retranchemens en terre, pour mettre, à tout événement, Dax en mesure de repousser un parti ennemi.

L'armée s'affaiblit encore, à cette époque, par le départ, pour le royaume d'Italie, d'une brigade entière d'infanterie italienne, commandée par le général Saint-Paul, par la rentrée de la gendarmerie dans les départemens de l'intérieur, et enfin par la privation momentanée de vingt cadres de bataillons qui se rendaient dans les dépôts des régimens, pour procéder à la réception et à l'organisation des conscrits de nouvelle levée.

L'ennemi fait, le 23 novembre, une forte reconnaissance sur la gauche des ouvrages du front d'Espagne depuis le village d'Arcangues jusques aux bords de la Nive; mais il est vigoureusement repoussé.

Le 30 du même mois, un corps de quatre mille espagnols et portugais tente une incursion dans la vallée de Baigorry. Les basques de cette contrée, formés en compagnies franches, et qui s'étaient signalés dans la guerre de 1793, avaient à leur tête M. Etcheverry, un de leurs anciens officiers: leurs familles et leurs propriétés étaient menacées: comme tous les peuples frontières, ils nourrissaient une inimitié héréditaire contre les espagnols leurs voisins ; ils marchent à l'ennemi, qui fuit par toutes les issues, après avoir laissé un bon nombre de morts sur la place. Pourquoi la population entière du pays Basque n'a-t-elle pas imité les Baigorriens !...

L'exemple d'un capitaine d'infanterie, membre de la légion d'honneur, condamné à mort et fusillé par jugement rendu à Saint-Jean-de-Luz, pour avoir excité des soldats à l'incendie d'une maison particulière, était fait sans doute pour resserrer les liens de la discipline, et faire respecter les propriétés ; cependant quelques désordres se renouvelèrent encore aux environs de Bayonne : les arbres fruitiers sont coupés, les légumes arrachés, les meubles brisés. Le maréchal voyait ce spectacle avec une douloureuse indignation : il écrivit circulairement à tous les généraux de l'armée, pour les rendre, ainsi que les chefs de corps sous leurs ordres, personnellement responsables de ces scènes, qu'on n'eût pas tolérées en pays ennemi. Ces sévères remontrances ne furent pas inutiles, et les plaintes cessèrent.

Les premiers détachemens de conscrits arrivaient à Bayonne. Les hommes étaient généralement bien constitués; mais avant qu'on n'eût le temps de les habiller, ils désertaient par centaines : cependant les ordres étaient donnés pour qu'on les exerçât avec ménagement, qu'on ne leur imposât d'autre tâche que le service intérieur de la place, et qu'on les traitât avec douceur.

Le système que les alliés adoptèrent, en entrant en France, était propre à leur rendre favorable les habitans des campagnes : l'argent, ce nerf de la guerre, nous manquait et abondait chez eux : ils le répandaient avec profusion, et ne prenaient rien qu'ils ne le payassent au comptant. Les anglais savaient bien que cette générosité affectée nous faisait un mal plus réel que leurs armes ; aussi trouvèrent-ils des ressources qui nous furent cachées : le paysan, qui ne raisonne point, se laissa séduire par cette conduite politique, et reçut comme amis ces étrangers armés, qui souillaient le sol de la patrie, et faisaient couler le sang de leurs frères.

Le 9 décembre, l'ennemi nous attaque en avant de Bayonne, et passe la Nive à gué sur deux points, aux bains de Cambo et dans la direction de Larresore. Une nombreuse artillerie protége son passage. Il rétablit à l'instant même les ponts de Cambo et d'Ustaritz. La division Foy, qui se trouvait au dessus de Cambo et sur les hauteurs d'Yatsou, se retire, en défendant le terrain pied à pied. Les trois bataillons qui étaient devant Larresore, se retirent aussi dans le même ordre.

Les colonnes ennemies qui avaient effectué le passage de la Nive, se forment sur les hauteurs de Lurminthoa, et détachent une de leurs divisions sur les troupes du général Darmagnac, qui la repoussent avec perte.

Sur le front d'Espagne, deux divisions et une brigade font rentrer dans nos ouvrages deux brigades que nous avions en avant de Pitcho et sur le plateau de Plaisance. En même temps, une colonne, venant par les bords de la mer, entre dans le village d'Anglet.

Enfin, les rapports annoncent que les alliés ont fait passer la Nive à six divisions.

Dans cette journée, nous avons eu 800 hommes hors de combat; mais l'ennemi a éprouvé de plus grandes pertes.

Il suffisait d'avoir une idée de la position de Bayonne, et de celle où l'ennemi venait de se placer, entre deux rivières, pour prévoir le mouvement que le maréchal Soult opérerait le lendemain.

Dans la nuit, le comte d'Erlon passe, avec les quatre divisions à ses ordres, de la rive droite à la rive gauche de la Nive, sur le pont de bateaux établi au dessus de Bayonne, pour se joindre aux divisions commandées par le général Clausel. Le comte Reille était sur la droite, et la division de réserve dans les ouvrages, prête à se porter sur tous les points. Quarante pièces de canon suivent l'infanterie.

Le projet du général en chef était de s'emparer du plateau qui est en avant de Bassussarry, et de celui qui est au dessus d'Arcangues; de prolonger ensuite le contre-fort qui mène à Bidart, ou bien de se porter, soit en arrière d'Arrauns, soit sur la route d'Habancenborda, ou soit enfin sur Arbonne.

L'ennemi avait profité, le 9, de la première lueur de beau temps. Dans la nuit, la pluie tombe et retarde la marche des divisions du comte d'Erlon, qui le lendemain ne peuvent se former en ligne qu'à midi. Ainsi, dans la matinée du 10, nous n'avons présenté que des têtes de colonnes. En hiver, les jours sont si courts, que la différence de quelques heures décide d'une affaire. Cependant le plateau de Bassussarry est enlevé, et l'ennemi est poussé dans le bois de Barroilhet. Deux divisions anglaises sortent de ce bois, et repoussent deux de nos brigades. L'attaque sur ce point allait recommencer par des forces plus proportionnées à celles que l'ennemi y avait embusquées, quand on voit une forte colonne, venant de la rive droite de la Nive, se former sur les hauteurs d'Urdains. L'ordre est donné à notre droite d'arrêter son mouvement, et la nuit nous surprend.

Jamais l'ennemi, de son propre aveu, ne s'était trouvé dans une position aussi critique que le 10; et sans le mauvais temps, il était sérieusement compromis.

Les observations sur le temps reviennent bien souvent dans ce mémoire : les lecteurs qui ignorent combien il est variable et pluvieux dans la chaîne des Pyrénées et aux environs de Bayonne, ou qui seraient prévenus contre la véracité de l'auteur, pourraient supposer que c'est quelquefois pour voiler une faute ou sortir d'embarras, qu'il leur oppose cet obstacle. Il est fatigant, il faut l'avouer, d'avoir à reproduire les mêmes images ; mais la marche des événemens l'exige : on sait d'ailleurs qu'il faut s'armer de patience quand on lit des mémoires sur la guerre.

Dans une marche de nuit, deux régimens d'infanterie de Nassau et un bataillon de Francfort passent à l'ennemi : c'était une conséquence naturelle de la défection des puissances qui formaient la confédération du Rhin. L'ordre du ministre de la guerre qui prescrivait le désarmement de ces corps, fut expédié de Paris par le courrier ordinaire, et non par estafette, et ne parvint au maréchal que quelques heures après l'événement.

Le 11, l'ennemi débouche encore du bois de Barroilhet : nos postes sont repoussés. Le 21.me d'infanterie légère charge un régiment anglais, le culbute, et lui fait 40 prisonniers. Une autre ligne ennemie, formée en arrière, est attaquée vigoureusement par une de nos brigades, qui ramène 200 prisonniers.

La journée du 12 se passe en démonstrations de la part de l'ennemi, qui paraît se disposer, pour le lendemain, à une attaque sérieuse sur le front d'Espagne, où la totalité de nos forces s'étaient portées.

Pour déconcerter ses projets, et tenter de le prendre en défaut sur un autre point, le maréchal ordonne que l'armée rentre, pendant la nuit, dans le camp retranché; et que cinq divisions repassent, par le pont de bateaux, sur la rive droite de la Nive, et se disposent à attaquer, le lendemain 13, au point du jour, les hauteurs situées entre Saint-Jean-vieux-Mouguerre et Villefranque, où l'ennemi s'était établi.

Le combat s'engage : une brigade de la 2.me division s'empare de la montagne Partouheria, et se porte sur Saint-Jean-vieux-Mouguerre. La 3.me division attaque de front la position en avant de la grande route qui conduit à Saint-Jean-Pied-de-Port, et la 6.me se porte à droite pour prendre le contrefort à sa naissance. Nos troupes montrent de l'ardeur; mais deux régimens de la 3.me division ayant été repoussés, jettent de la confusion dans cette même division, et lui font perdre du terrain : la 6.me, qui allait emporter la gauche de la position, se ressent de ce mouvement, et est entraînée. Alors le maréchal porte en avant la division Foy, la brigade de la 2.me division, qui n'avait pas encore donné, et enfin la division Maransin, destinée à remplacer une brigade qu'on avait engagée au commencement de l'attaque. La présence de ces troupes fraîches arrête l'ennemi, et le combat continue sur place jusques à la nuit.

Les forces de l'ennemi dans l'affaire du 13, étaient de trois divisions anglaises et trois brigades portugaises, appuyées de 30 pièces de canon; indépendamment de deux colonnes de renfort qu'on voyait se mouvoir, mais qui n'ont pas pris part à l'action.

On jugera, par le résultat des pertes, de la chaleur du combat. Nous eûmes 2,500 blessés et 4 à 500 morts. Une pièce de 4 qu'on avait trop engagée, et dont tous les chevaux furent tués, resta au pouvoir de l'ennemi.

Cependant les pertes de l'ennemi furent beaucoup plus considérables; des lignes entières furent détruites : il est vrai que notre artillerie fut parfaitement servie. Nous ne fîmes qu'une cinquantaine de prisonniers.

Pendant l'affaire, les troupes du général Paris et la cavalerie du général de division Soult attaquèrent l'ennemi, qui était en force sur la montagne Choui, entre Hasparren et Urcuray. Il n'y eut sur ce point que quelques charges de cavalerie, sans autre résultat que de donner à nos cavaliers le sentiment de leur supériorité sur les anglais, qui sont rarement maîtres de leurs beaux chevaux, et qui d'ailleurs ne connaissent pas bien le maniement du sabre.

Le relevé de nos pertes, fait corps par corps, dans les combats des 9, 10, 11, 12 et 13 décembre 1813, présente un total de 5,914 hommes, dont 4,600 blessés.

Qu'on ajoute à ce résultat les pertes précédentes de toute nature, qui ont été indiquées dans le cours de ce mémoire, avec leurs circonstances; et l'on verra que, depuis l'ouverture de la campagne des Pyrénées, nos rangs ont été éclaircis de plus de 20,000 hommes. Il est vrai que nous avions beaucoup de blessés qui pouvaient être mis en état de reprendre du service; mais leur guérison était lente, et les conscrits qui nous arrivaient, n'étaient pas encore assez exercés pour entrer en ligne.

Le moment de livrer Bayonne à ses propres forces approchait. L'ennemi, instruit que cette place s'alimentait par la navigation de l'Adour, se porte au village d'Urt, qui, de la rive gauche, domine la rivière, dont le lit est très étroit sur ce point. La fusillade et même le canon, interceptent, pendant le jour, le passage des bateaux qui descendent de Port-de-Lanne; mais à la faveur de la nuit, et sous la protection des chaloupes canonnières, les convois échappent quelquefois à la surveillance de l'ennemi. Le mauvais état des chemins, et l'impossibilité de réunir un assez grand nombre de voitures, ne permettaient pas d'expédier des subsistances en quantité suffisante par la voie de terre: il n'y avait donc que la navigation riveraine qui pût alimenter l'armée sur Bayonne.

Une garnison de 12 à 14,000 hommes y était nécessaire, en cas de siége, pour garnir et défendre ses grands ouvrages; et il fallait que les approvisionnemens extraordinaires y restassent intacts. D'ailleurs, l'ennemi reconnaissant l'impossibilité de passer l'Adour à portée de la place, et cherchant à développer sa ligne par sa droite, les mouvemens qu'il annonçait devoir exécuter, allaient nécessairement changer le théâtre des opérations.

Le général Clausel se transporte, avec une division et une brigade d'infanterie, sur la rive droite de l'Adour et sur la Bidouze, où il prend en outre le commandement des troupes du général Paris et de deux divisions de cavalerie. Il place une avant-garde à la Bastide-Clairence. La division de cavalerie du général Soult se tient en ligne parallèle à Mendionde et à Bonloc. Ainsi l'ennemi est contenu, sur sa gauche, par la place de Bayonne; sur son front, par le cours de l'Adour; et il est observé, sur sa droite, par la gauche du général Clausel.

Le 17 décembre, les espagnols descendent en force dans la vallée de Baigorry, pour se venger de l'affront qu'il y ont reçu dans leur première incursion : ils se livrent à tous les excès.

Le 20, le quartier-général s'établit à Peyrehorade; mais le maréchal reste encore à Bayonne.

L'ennemi occupe l'île d'Holhariague, sur l'Adour, qui n'est séparée de la rive gauche que par un petit canal.

La rive droite de l'Adour, depuis Port-de-Lanne jusqu'à Bayonne, ayant une étendue de six lieues, il était prudent de placer des troupes de distance en distance dans les villages qui sont bâtis sur ses bords. Trois divisions d'infanterie, sous les ordres du comte d'Erlon, sortent de Bayonne pour garder cette ligne. Il ne restait donc plus à Bayonne que quatre divisions, commandées par le comte Reille.

Hastingues, sur la rive gauche du Gave de Pau, est fortifié. Came et Bidache, sur la Bidouze, le sont aussi. La rive droite de l'Adour voit élever des redoutes et tendre des inondations. La route directe de Peyrehorade à Dax, qui était abandonnée, est réparée et rendue praticable. Enfin, un pont est jeté au passage de Port-de-Lanne.

C'était sur ce dernier passage que nous avions le dépôt de nos denrées : c'était le point principal de notre navigation. Il offrait l'aspect d'un petit port de mer : des chaloupes canonnières, montant et descendant l'Adour, escortaient des bateaux organisés en convois. L'armée communique son activité partout où elle se porte.

L'éloge de l'arme du génie et des pontonniers, ne peut être mieux fait que dans l'énumération des ouvrages qui ont été exécutés. Peu de campagnes présentent, dans un si court espace de temps, une réunion de travaux aussi importans, et surtout un dévouement aussi soutenu dans toutes les parties du service sans exception.

Le général de division comte Harispe passe de l'armée d'Aragon à l'armée des Pyrénées, et arrive à Bayonne le 25 décembre. Né dans la vallée de Baigorry, et chéri de tous les habitans des Pyrénées, sa présence retraçait vivement à l'esprit de ses concitoyens le souvenir de ses premiers faits d'armes dans la précédente guerre d'Espagne; mais l'enthousiasme qu'il causait s'arrêtait à sa personne, et n'allait point jusqu'au gouvernement.

Les basques, ces anciens cantabres, impatiens de tout joug, et qui quelques mois plutôt, se seraient peut-être réunis en masse autour du général Harispe, abattus maintenant, ruinés ou séduits, avaient perdu leur énergie, et vivaient sans ressentiment au milieu des étrangers qui avaient envahi l'héritage de leurs pères. Le maréchal forme une division pour le comte Harispe, et le place à l'extrême gauche de l'armée, près des lieux qui l'ont vu naître.

Les hôpitaux de Bayonne sont évacués sur ceux de l'intérieur. On dégage la place de tout ce qu'il y a d'inutile. L'administration occupe constamment le maréchal. L'armée avait des entrepôts considérables de denrées entre l'Adour et la Garonne : les réquisitions, si lentes à s'exécuter au commencement de la campagne, reçoivent enfin leur effet : nous allions nous rapprocher de ces ressources; et l'avenir, sous le rapport des subsistances, ne nous inquiétait plus; mais le service des fourrages se traînait toujours péniblement.

Au 1.er janvier 1814, les réquisitions cessent, et un mode d'administration plus régulier est subsistué au système précédent : les employés des vivres de la guerre de l'intérieur prennent le service : on passe des marchés : de nouveaux rapports s'établissent entre les agens comptables de l'armée et ceux qui leur succèdent. Le propriétaire respire, et ne se plaint plus que le gouvernement l'accable de demandes. Les liens de la discipline se resserrent.

Les îles de Broc et de Berens, sur l'Adour,

sont occupées par nos troupes. L'ennemi se maintient à celle d'Holhariague. Les avant-postes se tiraillent tous les jours au sujet de la navigation. Quant au grand passage de l'Adour au dessus de Bayonne, nous acquérons la certitude que l'ennemi ne peut l'entreprendre sans témérité.

Deux bâtimens, que le maréchal avait fait expédier pour Santoña avec des subsistances, effectuent heureusement leur retour.

Quelques communes du département des Landes offrent des scènes séditieuses, dont la conscription est l'objet ou le prétexte; mais une simple mesure de police suffit pour en arrêter l'effet et en dissiper les auteurs.

L'ennemi, constant dans sa tactique, nous laissait prendre du repos, après nous avoir fait faire quelques pas rétrogrades. Nous en profitions pour remonter notre administration, cette machine si compliquée en France depuis les guerres de la révolution. Le maréchal Soult donnait ses soins les plus constans à cette partie du service, qui lui est si familière, chaque fois que les opérations militaires étaient suspendues par un ennemi dont les forces supérieures mettaient constamment de son côté l'avantage inappréciable de l'initiative. C'était le moyen de le bien recevoir à la première attaque.

L'hiver avait souvent nui au succès de nos opérations, mais maintenant cette saison rigoureuse semblait favoriser notre armée. Les anglais avaient fait du port de Passage, en Espagne, l'entrepôt de tous les secours qu'ils recevaient de la Grande-Bretagne : il n'y avait pas de jour qu'il ne leur arrivât quelques bâtimens de transport : ils étaient maîtres du golfe de Gascogne, mais ils ne l'étaient point des élémens ; et nous eûmes le bonheur de voir échouer sur la côte qui borne le département des Landes, plusieurs transports anglais, chargés d'effets d'habillement et de subsistances, qui furent versés dans nos magasins.

Un événement politique inespéré fit sensation sur notre armée, c'était le retour en Espagne du roi Ferdinand VII, que Napoléon rendait aux vœux de ses fidèles sujets. La détention à Valençay de ce jeune et intéressant souverain, paraissait être le principal grief pour lequel les espagnols continuaient à nous faire la guerre sur notre propre territoire, après que nous avions évacué le leur. Napoléon croyait, sans doute, laver une perfidie par un acte de générosité affectée, et engager ainsi les espagnols à se détacher de la coalition. L'ordre fut donné à nos avant-postes d'observer si les troupes espagnoles étaient encore en ligne. Il est certain que la liberté rendue au roi Ferdinand, calma l'inimitié de ses sujets contre la France; et celà est si vrai, que lord Wellington, qui s'en aperçut, fut au devant d'une défection qui eût privé son armée de ses principales forces : il convoqua, à son quartier-général de Saint-Jean-de-Luz, un grand conseil de guerre, qui avait pour objet de remonter le moral des troupes espagnoles, en faisant briller la victoire à leurs yeux ; et il réussit à les attacher fortement à ses desseins.

Le duc de Dalmatie reçoit l'ordre de faire partir pour la grande armée, deux divisions d'infanterie avec leurs batteries, une division de dragons, et une brigade de cavalerie légère, également suivies de deux batteries, et enfin l'élite du restant de notre cavalerie, qui entrait dans la garde. Nous nous affaiblissions ainsi de 17 à 18,000 hommes aguerris, tous vieux et intrépides soldats, familiarisés avec les dangers. Le ministère nous les enlevait, pour les remplacer par un nombre à peu près égal de conscrits qui n'avaient pas vu le feu. Les circonstances exigeaient sans doute ce douloureux sacrifice ; mais comment rendre l'impression que l'exécution de cet ordre produisit sur les troupes et sur l'habitant ! Jamais les divisions qu'on nous arrachait, ne nous parurent plus belles que le jour où elles quittèrent nos lignes, pour aller cueillir de nouveaux lauriers dans le nord de la France : notre douleur ne pouvait s'exhaler, c'eût été nous affaiblir encore. Quelle nouvelle pour l'ennemi, qui recevait en même temps des renforts de troupes anglaises par le port de Passage ! Pour nous, nous n'avions en perspective que des combats inégaux à soutenir, et une retraite inévitable ; mais nous étions français : ce nom seul faisait notre force.

Plus nous approchions du terme où le colosse de l'empire devait s'écrouler, plus l'esprit national s'affaiblissait chez les français. La conscription, qui jusque-là s'exécutait avec une rigueur poussée souvent jusqu'à l'injustice, n'intimidait plus la jeunesse. On a vu les mouvemens séditieux excités dans le département des Landes, au centre, pour ainsi dire, de l'armée. Les conscrits désertaient sans crainte, et trouvaient de sûrs refuges chez l'habitant. Comment, dans un tel mépris du gouvernement, parvenir à se faire entendre du paisible citoyen, et lui persuader de prendre les armes pour repousser un ennemi qui se présentait comme libérateur ? Aussi les efforts que fit le général en chef pour organiser les cohortes de gardes-nationales furent-ils à peu près vains. S'il y eut quelques communes qui s'armèrent, cet exemple ne fut, pour elles, qu'une honorable exception, et pour l'armée, qu'un nouvel avertissement qu'elle ne devait plus compter sur aucuns secours.

Bayonne et Saint-Jean-Pied-de-Port allaient être livrés à leurs propres forces, et il fallait former les garnisons de ces deux places. Bayonne seul devait être défendu par 14,000 hommes. Notre armée se réduisait à vue d'œil, et d'une manière effrayante; mais du moins l'importance de la place de Bayonne nous consolait de ce sacrifice, et exigeait que l'ennemi, s'il voulait en faire le siége, laissât aussi sous ses murs un nombre de troupes beaucoup plus fort que celui de la garnison. Ainsi les deux armées s'affaiblissaient proportionnellement, soit pour la défense, soit pour le blocus des places ; avec cette différence toutefois que l'armée ennemie, qui pouvait porter à cette époque plus de cent mille hommes en ligne, se trouvait, après ces réductions, toujours également supérieure en nombre à l'armée française.

Pour ne pas intervertir l'ordre des dates ni la marche des événemens, nous ne rendrons compte, qu'après la bataille de Toulouse, de la belle sortie opérée par la garnison de Bayonne, sans omettre les faits les plus intéressans du siége de cette place.

Napoléon envoya, au commencement de janvier 1814, des commissaires extraordinaires dans les départemens méridionaux voisins de l'armée, pour seconder les opérations administratives du général en chef. L'un de ces commissaires vint à notre quartier-général, où le maréchal lui fit rendre les plus grands honneurs. C'était la dernière ressource que le gouvernement employait. On sonna, si l'on peut s'exprimer ainsi, un tocsin général contre l'ennemi qui nous envahissait ; mais le découragement, la stupeur, étaient partout : Napoléon lui-même n'eût rien obtenu.

Il était probable que l'ennemi, après la reprise des opérations, chercherait à faire une pointe sur Bordeaux, pour occuper cette belle et importante ville, qui ne pouvait être susceptible de défense qu'en armant ses habitans. Le général Lhuillier commandait à Bordeaux, et le maréchal Soult lui donnait des ordres et des instructions par toutes les estafettes. Si Blaye, le fort Pâté, le fort Médoc, ont été armés et approvisionnés; si, quand les anglais ont occupé Bordeaux, jamais leurs bâtimens n'ont pu remonter la Gironde; on en est redevable à la prévoyance du duc de Dalmatie, et à la ferme contenance des officiers qui commandaient sur ces trois points.

Les anglais pouvant tenter un débarquement sur les côtes de la Rochelle, le général commandant la 12.me division militaire, reçut ordre de se mettre, à tout événement, en état de défense. Enfin, Toulouse, Bordeaux, la Rochelle, et tous les généraux qui commandaient dans les départemens où notre armée pouvait se porter, ne recevaient d'impulsion que de notre général en chef.

Pour mettre dans tout son jour la campagne laborieuse des Pyrénées, il faut prouver que le ministère ne faisait rien pour la soutenir, et qu'il ne fallait rien moins que la forte tête du duc de Dalmatie pour faire face à tout.

Jaca ne pouvait plus tenir, si on ne parvenait à le ravitailler. Une expédition disposée à cet effet, est confiée au général Paris; mais les passages qui conduisent à cette place se trouvant couverts de neige, le convoi dut rétrograder. Jaca capitula le 17 février; et la garnison rentra en France, sur parole.

Depuis les affaires de Bayonne jusqu'à la bataille d'Orthez, il n'y eut que de faibles engagemens; mais nous ne les passerons pas sous silence. Il faut faire connaître comment nous avons été poussés par l'ennemi, et dire un mot des petits combats soutenus ou livrés par le comte Harispe, qui était journellement harcelé sur l'extrême gauche de notre armée, où ce général avait été placé.

L'ennemi entreprend de fourrager à Mendionde et à Guereciette. On détache sur lui quelques compagnies, qui ramènent 30 prisonniers, 50 chevaux, et tuent une vingtaine d'hommes.

Les troupes de Mina sont attaquées dans la vallée de Baigorry, et perdent 400 hommes.

Le colonel Lalanne, commandant la 1.re cohorte des gardes-nationales des Basses-Pyrénées, faisait partie de la division aux ordres du comte Harispe, et rivalisait de courage et de dévouement avec la troupe de ligne. En admirant ces braves béarnais, dont l'âme était exaltée par d'anciens souvenirs, nous déplorions l'apathie de ces hommes qui se disent français, et qui attendaient honteusement l'ennemi, les bras croisés, sur le seuil de leurs portes.

L'ennemi, qui avait en ligne et dans ses cantonnemens 12 à 15.000 chevaux, était obligé, à défaut de fourrage, de les nourrir avec du genêt épineux et du grain. Il ne pouvait plus différer de reprendre ses opérations sans être taxé de lenteur ou de pusillanimité, et notre faible armée n'était pas faite pour l'intimider. D'ailleurs, l'arrivée à Saint-Jean-de-Luz de S. A. R. le duc d'Angoulême valut à lord Wellington une seconde armée. L'habitant vit dans ce prince, fils de France, un ange consolateur, formé à l'école de l'infortune, et l'aurore du règne de Louis XVIII. Tous les antiques souvenirs se réveillèrent dans l'imagination brillante des peuples du midi : le berceau d'Henri IV était à deux pas de nous, près du théâtre des combats : Bordeaux se disposait à la journée du 12 mars. Mais le moment n'était pas venu où l'armée pût se livrer à ces douces émotions : Buonaparte, chef du gouvernement, régnait encore : l'ennemi envahissait la terre sacrée : nous fûmes français.

Le 14 février, le lieutenant général Hill attaque le comte Harispe sur les hauteurs de Mendionde. Nous n'avions qu'une seule division sur ce point, et l'ennemi se présente au nombre de vingt mille hommes. Le général Harispe se replie en bon ordre par Helette, Saint-Martin-d'Arberoue et Méharin, où il prend position. Le général Paris se met en marche pour aller le soutenir.

Le 15, l'attaque est reprise ; et la retraite se fait par Garris et Saint-Palais, sans que le général Harispe puisse être rompu.

Le 16, l'ennemi, avec des forces plus supérieures encore que les deux journées précédentes, tombe sur le général Harispe, qui passe sur la rive droite de la Bidouze, après avoir eu 450 hommes hors de combat. Jamais nous ne nous sommes battus avec plus d'acharnement que le 16. Nos troupes pressées par l'ennemi, ont croisé plusieurs fois la bayonnette, cette arme des braves, qui a toujours été terrible dans les mains des français, et que la nouvelle tactique des masses d'artillerie a trop souvent fait oublier.

Le 17, le général Paris est attaqué sur la Soison, défendant le pont d'Ariveriette. L'ennemi passe à gué sur plusieurs points entre le village de Rive-haute et Ariveriette.

Le 18 et le 19, toutes nos troupes sont en mouvement, et les desseins de l'ennemi sont pénétrés. On ne connaîtrait que très imparfaitement les cours du Gave d'Oloron et du Gave de Pau, si on ne les étudiait que sur la carte. Heureusement que le maréchal Soult, prévoyant depuis plus d'un mois que l'ennemi chercherait à nous déborder par notre gauche, fit faire par des officiers du génie une reconnaissance détaillée de tous les points importans des deux Gaves, et il acquit la triste certitude que celui d'Oloron, notamment, était guéable sur une infinité de points, et qu'il n'offrait pas une ligne de défense. Aussi fûmes-nous attaqués en même temps depuis son embouchure dans le Gave de Pau à Oeyregave jusques à Navarreins. Devant Sauveterre, l'ennemi tente d'enlever le passage de vive force, mais le 119.me de ligne exécute vigoureusement une charge et le rejette dans le Gave.

Le maréchal voulant faire quelques prisonniers, pour avoir des renseignemens positifs sur la force et les positions de l'ennemi, ordonna une attaque de nuit sur les troupes qui se trouvaient devant Sauveterre. Deux ou trois heures après le coucher du soleil, au moment où l'ennemi s'était livré au repos, et que le soldat, la tête avinée, étendu auprès d'un bon feu, oubliait les fatigues et les dangers, un détachement français, commandé par un officier, tout à la fois prudent et audacieux, se glisse dans le bivouac à pas de loup et sans être aperçu. Au signal convenu, on fait main-basse sur les alliés : des cris se font entendre : la nuit grossit le danger : les ennemis courent aux armes, tirent au hasard des coups de fusil, et se battent entr'eux. Notre poignée de braves, suivant l'ordre qui avait été donné, repassent le Gave, rentrent à Sauveterre, sans avoir eu un seul blessé, et ramènent une cinquantaine de prisonniers, encore à demi endormis et tout honteux de se voir ainsi pris. On doit penser que cette petite scène ne fut pas perdue pour la gaîté de nos soldats.

Le lendemain, l'ennemi, voulant se venger de notre coup de main, nous attaque avec du canon. Nos pièces n'étaient pas en position pour lui répondre; mais elles le furent bientôt. On échangea inutilement quelques boulets, et l'ennemi cessa son feu.

Le 22, le duc de Dalmatie porte son quartier général à Orthez, au faubourg nommé Départ. Notre armée ne pouvant défendre que faiblement le Gave d'Oloron, et nos divisions se trouvant nécessairement disséminées pour garder tous les passages, il convenait de ne plus fatiguer la troupe en détail, et d'éviter surtout de nous laisser déborder par notre gauche. Dans un mouvement de retraite, un général en chef ne peut jamais avoir un plan tellement déterminé, qu'il ne soit modifié par les manœuvres de l'ennemi qui le presse : nous nous bornions, pour le moment, à ralentir les progrès des alliés. La Soison, le Gave d'Oloron, n'étaient que de faibles barrières : le Gave de Pau, il est vrai, ne pouvait non plus nous servir de boulevard, mais il était susceptible de plus de défense ; et nous cherchions une position où notre petite armée pût se réunir, pour accepter une affaire générale. Depuis la malheureuse journée de Victoria, l'armée des Pyrénées ne s'était battue que partiellement, sur des terreins défavorables, et des lignes d'opérations trop étendues pour obtenir un ensemble parfait. Le maréchal Soult se trouvait souvent trop éloigné des troupes. Il était temps d'essayer si nous pouvions nous surpasser nous-mêmes, en nous réunissant et en ne présentant qu'une masse à l'ennemi.

Le 25, l'ennemi paraît sur les hauteurs de Magret et de Départ, avec une batterie de six pièces de canon, qui tire sur Orthez et sur nos troupes, qui se formaient en arrière de la ville. En même temps une fusillade assez vive s'engage au pont d'Orthez. L'ennemi perd 2 à 300 hommes, et nous en avons une centaine hors de combat.

Ces bons habitans d'Orthez furent bien surpris et bien effrayés des coups de canon qu'on tirait sur leur ville, au moment où ils s'y attendaient le moins. Les boulets et les obus traversaient les rues, ou passaient par dessus les toits : cependant, comme le feu était principalement dirigé sur nos masses, il y avait moins de danger dans la ville que sur les hauteurs situées au delà. La fusillade du pont dura toute la journée.

Le 26, le rapport fut fait au duc de Dalmatie, que l'ennemi avait commencé, dès la veille, à effectuer le passage du Gave de Pau au gué de Lahontan et à celui de Cauneille. Le 15.me de chasseurs à cheval était chargé de garder le Gave de Pau depuis Puyo jusqu'à l'Adour : le colonel de ce régiment, qui est cependant un militaire très brave et très distingué, crut devoir quitter lui-même sa troupe pour faire son rapport au maréchal, qui le blâma de n'être pas resté à son poste, et de ne s'être pas borné à lui dépêcher un officier. L'ennemi débouchait aussi par la route de Salies et par les hauteurs de Sainte-Suzanne, pour gagner le gué qui est au dessous de Bourenx. Il marchait sur nous par toutes ces directions, et parvint à se former sur le plateau qui est en avant de Baigts. Nous n'avions pas de temps à perdre pour prendre nos positions et attendre l'ennemi. Nos troupes furent en mouvement pendant toute la nuit.

On entreprit aussi de faire sauter le pont d'Orthez, afin de n'avoir pas d'inquiétude sur ce passage, et de pouvoir disposer des troupes qui le défendaient; mais l'opération, quoique entreprise deux ou trois fois, ne put réussir complètement, le pont offrant un massif qui paraissait ne former qu'une seule pierre, et qui résistait à l'effet de la poudre. Il est vrai que les troupes du génie qui travaillaient à saper les voûtes, étaient sous le feu des tirailleurs ennemis, et qu'elles étaient obligées de se tenir à fleur d'eau pour n'en être pas aperçues.

Enfin, le 27 février 1814 fut le jour qui éclaira la bataille d'Orthez, dont le souvenir peut être rappelé avec orgueil par tous les militaires, sans exception, qui ont eu l'honneur de s'y trouver.

Faisons connaître nos positions :

Deux divisions (la 4.me et la 5.me), sous les ordres du comte Reille, occupaient les hauteurs du village de Saint-Boës, appuyant la droite à ce village, et prolongeant la route qui mène à Dax.

Les troupes commandées par le général Paris formaient la réserve du comte Reille.

Deux divisions (la 1.re et la 2.me), sous les ordres du comte d'Erlon, qui étaient en position à cheval sur la grande route de Bayonne, s'établissent à la naissance des contre-forts en arrière de leur droite, dans l'objet de soutenir, au besoin, le comte Reille, et d'empêcher l'ennemi de se porter sur Orthez.

Une division (la 6.me), sous les ordres du général Villatte, placée sur les hauteurs à droite du village de Rontun. Cette division formait une nouvelle réserve pour appuyer soit le comte Reille, soit le comte d'Erlon, soit enfin le comte Harispe, qui était chargé avec la 8.me division de défendre la ville d'Orthez.

Les troupes aux ordres du comte Harispe étaient échelonnées en arrière de la ville, et se liaient à celles de la 6.me division.

Le lieutenant-général Clausel avait le commandement de la division Villatte et de la division Harispe.

Ainsi on peut s'assurer sur la carte, que

notre petite armée appuyait sa droite au village de Saint-Boës, et sa gauche à la ville d'Orthez.

Au point du jour, tout le monde était à son poste.

L'ennemi n'attaqua qu'à 9 heures du matin, et ce fut sur la droite du village de Saint-Boës que les premiers coups de fusil se tirèrent. Le 12.me d'infanterie légère, qui était sur ce point, se conduit avec valeur.

Bientôt l'attaque devient générale. La 4.me division, qui occupait l'extrême droite, et la 1.re division, qui était en avant du centre, résistèrent pendant plus de trois heures à tous les efforts de l'ennemi. La partie du village de Saint-Boës, où nos troupes étaient, fut prise et reprise cinq fois. Dans une de ces charges, le général de brigade Béchaud est tué. Le général de division Foy, qu'on a toujours vu se signaler au champ d'honneur, se battait comme un lion à l'attaque d'un mamelon, d'où il repoussait l'ennemi en désordre, quand un coup de feu le blesse grièvement et le met hors de combat. Cet accident fit une telle impression sur sa division, qu'on s'en aperçut d'abord à sa contenance. C'est le plus bel éloge qu'on puisse faire d'un général. Cette division, dans ce moment d'hésitation et de regrets, se rapproche de la ligne; et le comte Reille, par l'effet de ce mouvement, est forcé de céder un peu de terrain sur sa droite.

Dans cette seconde position, le combat continue avec acharnement et sur place. Nos troupes ne bougeaient non plus que des murailles, et paraissaient faire un exercice d'inspection.

Le comte Harispe était engagé sur le front d'Orthez et sur sa gauche, où une colonne ennemie parvient à passer le Gave à un gué au dessus de Souars, quoiqu'un bataillon du 115.me de ligne eût été posté là pour défendre ce passage. Ce bataillon est forcé de se retirer devant la colonne ennemie, qui marche sur notre gauche, en menaçant la communication de Sallespice.

Le comte Harispe était dans cette situation critique, quand le mouvement que le comte Reille avait été obligé de faire sur sa droite, ainsi qu'on l'a vu, donne à l'ennemi la faculté de déployer plus de troupes: de nouvelles masses toutes fraiches se présentent devant la division Foy, et nos corps de réserve se mettent en ligne.

Au fort de l'affaire, le général de division Soult fait charger un escadron du 21.me de chasseurs par la grande route d'Orthez. Cette charge fut exécutée à fond avec la plus grande impétuosité, et un bataillon ennemi se trouva pris; mais l'escadron, emporté par un excès d'ardeur et de joie, s'engage dans un autre chemin en revenant dans nos lignes : l'ennemi, qui s'aperçoit de son erreur, en profite, et fait presque à bout portant, et sur les derrières de notre cavalerie, une décharge affreuse de mousqueterie : l'escadron, forcé d'abandonner ses prisonniers, parvient cependant à reprendre la grande route.

Le duc de Dalmatie, qui pendant toute l'affaire était exposé au feu au centre des divisions, reçoit un rapport du général Harispe, et court reconnaître la marche de la colonne ennemie qui avait passé le gué au dessus de Souars. Il voit d'un coup d'œil que l'armée qu'il commande ne peut, sans s'exposer à être débordée, se maintenir plus longtemps dans ses positions; et la retraite sur Sault-de-Navailles est ordonnée.

Dès la veille, le maréchal, jugeant qu'il serait obligé de céder sa position à un ennemi qui avait à lui opposer des forces si supérieures, indiqua aux lieutenans généraux Sault-de-Navailles comme la route qu'on devait prendre : aussi cet ordre de mouvement n'eut-il rien d'imprévu ni d'inquiétant.

La droite commence le mouvement rétrograde, et nos lignes se remplacent successivement dans l'ordre le plus parfait, et en faisant face à l'ennemi : l'artillerie les protége. Nous continuons à nous battre ainsi par échelons; et nous arrivons, avant la nuit, sur la rive droite du Luy-de-Béarn, heureux de cette journée.

Nos pertes en hommes hors de combat s'élevèrent au nombre de 2,500, parmi lesquels nous eûmes à regretter plusieurs officiers supérieurs. Quatre pièces de canon, un obusier et deux caissons vuides, restèrent au pouvoir de l'ennemi ; mais il n'est pas superflu de faire observer que les chevaux de trois pièces furent tous tués, et les timons des caissons rompus. Quant aux deux autres pièces, elles se sont trouvé engagées.

On conçoit que nous ne pouvons donner que par approximation les pertes de l'ennemi ; mais quand on saura que les habitans d'Orthez attestent qu'il y avait dans leur ville, le soir même de la bataille, environ 4,000 blessés des troupes alliées, on pourra croire que nous n'exagérons pas en disant que l'ennemi doit avoir perdu au moins 6,000 hommes. Lord Wellington reçut, dit-on, une forte contusion à la cuisse.

Mais, avant de nous éloigner d'Orthez, rendons, au nom de l'armée, aux habitans de cette ville, le tribut de reconnaissance qui est dû aux secours et aux soins touchans qu'ils ont donnés à nos blessés. L'armée française a vu aussi avec plaisir qu'ils avaient signalé leur humanité à l'égard des blessés ennemis. Mais ils firent mieux, ils favorisèrent l'évasion de plusieurs de nos prisonniers, en les affublant d'une espèce de camisole à la mode du pays, à l'abri desquelles ils traversèrent les lignes ennemies comme de bons paysans, et rejoignirent nos postes.

Les conscrits de nouvelle levée se battirent à Orthez comme de vieux soldats, et pas un d'eux ne courba seulement la tête au premier feu. C'est un témoignage que tous les officiers leur ont rendu. Mais après la bataille, et dans notre marche rétrograde, l'esprit de désertion s'empara d'eux : chacun s'en allait chez soi comme si la paix était faite. Le maréchal donna des ordres dans toutes les directions, pour ramener ces conscrits sous les drapeaux qu'ils avaient si vaillamment défendus à la journée d'Orthez ; et on eut plus de peine à les faire rejoindre qu'à les faire battre.

En arrivant à Hagetmau, dans la nuit du 27 au 28, le duc de Dalmatie fit savoir, par un piéton dévoué, au général de division Darricau, qui était à Dax, les résultats de la bataille d'Orthez, et lui donna l'ordre de sortir de la ville avec quelques compagnies qu'il avait, et de manœuvrer comme il le jugerait convenable pour échapper à l'ennemi dont il était débordé par toutes les directions. Ce général avait été envoyé à Dax, soit pour mettre ce point à l'abri d'un coup de main, soit pour l'organisation des gardes-nationales du département des Landes. C'était un des meilleurs généraux de l'armée, et nous craignions qu'il ne fût perdu pour elle. Cependant le baron Darricau rassemble sa petite troupe, se met à sa tête, et s'engage dans les grandes Landes de Bordeaux, vastes plaines incultes qu'on est tout étonné de trouver en France ; et s'il était permis de comparer les petites choses aux grandes, cette retraite du général Darricau, au milieu des sables, rappellerait la marche du législateur des juifs dans le désert, ou la retraite des dix mille. Il a le bonheur enfin d'arriver à Langon sans avoir essuyé de pertes, et de se trouver plus tard à la bataille de Toulouse.

Le 28 février, le gros de l'armée française était à Grenade, et son arrière-garde à Saint-Sever. La position de Saint-Sever ne pouvait être défendue, et offrait trop d'avantages à l'ennemi, soit par le plateau qui domine la rive droite de l'Adour, soit par le pont étroit et prolongé qui est sur cette rivière, et qui eût été pour nos troupes un défilé très dangereux. Grenade ne nous présentait pas non plus de bonnes positions. Nous occupons Barcelonne et Aire. L'ennemi pousse toujours notre arrière-garde.

Le 2 mars, le comte d'Erlon est attaqué vivement à Cazères, pendant qu'une colonne ennemie cherchait à le déborder par sa droite ; mais il se retire en bon ordre.

Le corps du lieutenant-général Hill, qui

avait repassé l'Adour à Grenade, attaque aussi le corps du général Clausel, qui avait pris position à la droite de la Grâve. On se bat avec vigueur, mais une de nos brigades qui formait notre droite, finit par être forcée; et l'ennemi parvient, non sans de grands efforts, à s'établir sur le plateau en avant d'Aire, et à se rendre maître de la grande route qui conduit à Pons. On continuait encore à se tirailler malgré la chûte du jour. Les braves d'Orthez arrosaient du sang ennemi le terrain qu'ils cédaient.

On voit que, depuis Saint-Sever jusqu'à Barcelonne, nous longions les dèux rives de l'Adour; et que notre marche, qui ne pouvait encore avoir un but déterminé, fit supposer à l'ennemi que nous cherchions à nous diriger sur Bordeaux : direction qui nous eût infailliblement compromis, puisque les forces alliées, poussées par l'influence de l'opinion, se portaient à marches forcées, et par la grande route, sur cette ancienne capitale de l'Aquitaine, et qu'il y avait déjà à Mont-de-Marsan des troupes anglaises. N'omettons pas de faire observer ici que l'ennemi avait une nombreuse cavalerie, et que la nôtre, depuis le départ de la division de dragons, était réduite à quelques faibles régimens de chevaux-légers. Nous engager ainsi dans la plaine et entreprendre d'arriver à Bordeaux avant les alliés, c'eût été courir à notre perte. Que fit donc le maréchal Soult dans cette conjoncture critique ? Il fit faire à l'armée française un de ces mouvemens qui n'appartiennent qu'aux grands capitaines : il mit entièrement à découvert la route de Bordeaux, fit un crochet sur sa droite, et courut s'appuyer des contre-forts des Pyrénées. Que nos généraux aient admiré ce mouvement comme un coup de maître dans l'art de la guerre, et que leur éloge, au dessus de tout éloge, ait pénétré l'âme du duc de Dalmatie d'un sentiment de satisfaction mêlé d'un noble orgueil, il n'y a rien là que de très simple ; mais ce qui est plus difficile à croire, c'est que les détracteurs du maréchal, malgré la réunion de témoignages aussi irrécusables, aient persisté à nier la beauté de cette manœuvre, jusqu'à ce que lord Wellington lui-même et tous les généraux ennemis eussent avoué qu'un changement aussi subit du théâtre de la guerre était admirable dans la circonstance, et qu'il avait donné, pendant plusieurs jours, de sérieuses inquiétudes aux alliés. N'hésitons donc pas à faire ici au duc de Dalmatie l'application de ces belles expressions de Bossuet, qui nous peint le grand Condé comme éclairé, dans les momens difficiles, par de *soudaines illuminations*.

Le 3 mars, la position de l'armée française était :

Le comte d'Erlon et quatre régimens de cavalerie, à Plaisance.

Le baron Clausel à Maubourguet.

Le comte Reille à Madiran.

Une brigade de cavalerie du côté de Viella.

Le 4, le quartier-général s'établit à Rabastens.

L'ennemi, qui avait ses principales forces aux environs d'Aire, de Barcelonne et de Mont-de-Marsan, et à la vue de qui nous nous étions pour ainsi dire éclipsés, ne pouvait nous couper en même temps et la route de Bordeaux et celle de Toulouse. Il fit suivre prudemment notre mouvement, et nous laissa jouir de quelques jours de repos dont nous avions si grand besoin, après tant de marches et de combats. C'est à Rabastens que le plan du maréchal prit de la consistance, et qu'il vit Toulouse comme son dernier point d'appui.

C'est aussi à Rabastens que le maréchal eut connaissance d'une proclamation de S. A. R. le duc d'Angoulême, qui tendait, par la force de la persuasion, un esprit de douceur et un charme inconnu, à faire tomber les armes des mains de nos soldats. Quelle sensation la lecture de cette proclamation ne produisit-elle pas sur l'esprit de notre armée! Nos avant-postes en trouvaient des exemplaires à chaque pas. Fallait-il céder à la voix de cet ange de paix? Fallait-il faire taire un sentiment délicieux, mais encore anticipé, pour n'écouter qu'un devoir cruel, mais nécessaire, que l'honneur décorait de son prestige? Vous qui blâmez le duc de Dalmatie de n'être pas tombé aux pieds d'un prince chéri, précurseur du Roi que la France attendait! vous qui, dans une vie privée et indépendante, n'avez jamais porté le poids d'une responsabilité militaire! vous enfin, à qui le gouvernement, encore subsistant, n'avait point commis la défense du territoire! censeurs austères, qui ne rapprochez ni les temps ni les circonstances, daignez du moins réfléchir sur la situation d'un maréchal de France, commandant une armée qui sort, pour ainsi dire, toute fumante du champ de bataille, et qui verse son sang pour défendre le sol de la patrie! alors, mais alors seulement, il pourra vous être permis d'émettre votre opinion sur une autre proclamation, datée de Rabastens, que le maréchal Soult mit à l'ordre de l'armée. Cette dernière proclamation était énergique, il est vrai; mais elle ne renfermait pas, ainsi que des commentateurs peu fidèles l'ont prétendu, des expressions insultantes pour un prince dont le nom seul commandait le respect. Le duc de Dalmatie parlait à des soldats qui pouvaient être ébranlés devant l'ennemi: les phrases cadencées, les mots choisis, les pensées efféminées, auraient été là hors de saison: il fallait opposer sans art une digue au torrent qui nous eût entraînés; il fallait peindre à grands traits le mal que la politique anglaise nous faisait et la honte qu'il y aurait pour nos braves à se laisser séduire. Toute la proclamation roulait sur ce fonds, et je regrette de ne l'avoir pas conservée pour la transcrire ici et prouver, texte en mains, que je ne dis rien que de vrai. Quoiqu'il en soit, ce fut le ressort puissant qui remonta les âmes pour la mémorable journée de Toulouse.

Le 10 mars, l'armée française reçut une nouvelle organisation, qui ne changeait rien à ses forces réelles, mais qui centralisait et simplifiait le commandement. Le maréchal réduisit le nombre des divisions à six, et les mit, deux par deux, sous les ordres de chacun des trois lieutenans-généraux Reille, d'Erlon et Clausel.

Nous n'avions pas encore de corps de partisans, et ce fut à Rabastens et à Vic-Bigorre, que le duc de Dalmatie délivra à quelques hommes déterminés les premières commissions qui les autorisaient à se porter sur les flancs et les derrières de l'ennemi, pour inquiéter les convois et détruire ce qu'on ne pouvait conserver. Les maximes d'un vrai partisan ne s'accordent pas trop, comme on le sait, avec celles de la saine morale : c'est le côté le plus pénible et le plus hideux de la guerre ; et on peut être d'ailleurs très bon militaire et ne valoir rien pour ce métier. Les hommes les plus fertiles en expédiens et les plus intéressés, ceux qui avaient une mine rébarbative, étaient reçus sans examen, et on les lâchait sur l'ennemi comme des dogues. Nous comptions tirer de cette nouvelle création une petite diversion utile pour l'armée : mais les partisans ne pouvaient vivre de l'air ; et c'était malheureusement sur l'habitant, déjà ruiné et découragé, que cette charge retombait.

Lord Wellington vit le mal dans sa naissance, et rendit l'habitant responsable de toute participation directe ou indirecte aux courses et aux excès des partisans français. Quelques chefs de bandes ont fait de jolis coups de main ; mais il n'entre point dans notre plan d'en faire mention. Une réflexion se présente à ce sujet, c'est que si les français, à l'époque dont nous parlons, eussent été animés du même esprit que la population espagnole, la guerre de partisans eût dévoré l'armée des alliés.

Il y a toujours des malades et des blessés à la suite d'une armée qui se bat en rétrogradant. Notre ligne d'évacuation était tracée par Auch sur Toulouse. Notre correspondance était entièrement libre par cette direction.

Le général commandant la 10.me division militaire reçut, à cette époque, du duc de Dalmatie, des ordres mieux déterminés et plus pressans que ceux qui avaient précédé. Le plan de Toulouse fut examiné avec la plus grande attention, afin de tirer tout le parti possible d'une ville qui ne paraissait pas offrir de sûrs moyens de défense. Les premiers travaux qui furent ordonnés, se bornaient au faubourg Saint-Cyprien, situé sur la rive gauche de la Garonne. Nous n'anticipons pas sur la marche des opérations, en indiquant ici que c'est vers les premiers jours de mars que le duc de Dalmatie songea sérieusement à faire de Toulouse le dernier boulevard du midi.

Le 13 mars, après un repos dont l'ennemi n'eut pas le moyen de nous empêcher de jouir, l'armée française, débarrassée de tout ce qu'elle avait d'inutile, se porte en avant par Lembège sur Conchez.

A une lieue en arrière de Viella, sur l'embranchement des routes qui conduisent à Aire, 400 hussards anglais voulurent engager une charge ; mais le 10.me régiment de chasseurs les ramena rudement. L'ennemi eut un bon nombre de blessés, et on lui fit 40 prisonniers montés.

Le 14, les alliés sont poussés du contrefort de Mascaras, de Castet-pugon, de Moncla et de la position de la Serre-de-Viella : ils se retirent sur le grand plateau qui est traversé par la route qui mène d'Aire à Pau, et se concentrent sur ce point.

C'est une question de savoir si le maréchal Soult a bien ou mal fait de ne pas attaquer l'ennemi dans cette position, où, d'après le rapport des habitans, toutes ses forces n'étaient pas encore réunies le 14. Il est certain que l'ennemi, devant qui nous nous retirions depuis Orthez, dut être pris en défaut par notre mouvement offensif, et qu'il se fût trouvé très embarrassé si nous l'avions forcé dans la position qu'il avait choisie ; mais le maréchal, avec sa petite armée, dont il ne pouvait plus réparer les pertes, éloigné comme il l'était de la Garonne, ne jugea pas qu'il fût en situation de rien donner au hasard, et s'arrêta.

Le soldat français, quand on le mène en avant, brûle du désir d'avancer encore : on a peine à l'arrêter. Quelques prisonniers que nous avions faits, et la supériorité marquée de notre cavalerie sur la belle cavalerie anglaise, supériorité dont nous venions d'acquérir de nouvelles preuves, enflammèrent nos troupes au point qu'elles ne demandaient qu'à se battre. La prudence du général en chef en décida autrement.

Le 15, les divisions du comte d'Erlon et du baron Clausel occupent le plateau de Castet-Pugon, et les divisions du comte Reille le plateau de Portet.

Le général de division Soult, qui avait reçu l'ordre de se porter vers Clarac, pour éclairer la route de Pau, charge une brigade de cavalerie anglaise : on sabre une soixantaine d'hommes, et on en prend douze montés. Nous ne saurions trop le redire, notre cavalerie considérait comme une partie de plaisir de se trouver aux prises avec la cavalerie anglaise. Des personnes qui n'ont jugé du mérite de celle-ci que sur les apparences, révoqueront cette assertion en doute. Mais qu'importe ce qu'elles en pensent ?

L'ennemi, rassuré sur la pointe que nous avions faite, se renforçait entre le Tourniquet, Garlin et Aire. Il était instruit de l'occupation de Bordeaux : nous ignorions encore cet événement ; et ce ne fut qu'à Toulouse que le duc de Dalmatie connut tous les détails de la journée du 12 mars. Ce ne sera donc qu'après notre arrivée à

Toulouse que nous rendrons compte de l'impression que cette nouvelle fit sur l'armée française, et que nous nous permettrons quelques réflexions, qui ne seront pas désapprouvées par les bordelais les plus modérés et les plus judicieux.

Les 17 et 18 mars, l'armée des Pyrénées revint un peu sur ses pas, et son quartier-général s'établit successivement à Simacourbe, à Peyrelongue et à Momy.

De Momy à Hagetmau il y a loin, et ce n'était pas une entreprise ordinaire que de détacher cent chevaux de nos lignes sur ce dernier point, qui se trouvait à une très grande distance sur les derrières de l'ennemi. Cependant l'expédition réussit à merveille; et le chef d'escadron Dania, qui en avait le commandement, agit avec une dextérité et une prudence qui justifiaient la bonne opinion qu'on avait de cet officier. Il est vrai aussi que les cent chevaux étaient montés par l'élite de l'armée, tous vieux soldats; et que des hommes aussi déterminés entreprendraient, s'il le fallait, de pénétrer dans les entrailles de l'enfer. Le petit escadron, bien pourvu de fourrage, se met en route à la chûte du jour, et se jette dans des chemins creux et détournés, que les guides du pays lui indiquent. Le plus profond silence règne dans les rangs : on va le grand trot toute la nuit sans s'arrêter, et sans être aperçu. Les simples chasseurs, qui ignoraient le but de l'expédition, croyaient qu'on les menait à Bayonne. Une heure avant le retour de l'aurore, et à une portée de fusil d'Hagetmau, la troupe fait halte, laisse reposer ses chevaux et les rafraîchit. A peine le jour reparaît-il, qu'on remonte à cheval, et qu'on entre, bride abattue, dans le village, où tout était paisible. On place des védettes aux issues principales, et on se met en devoir de fouiller toutes les maisons. L'ordre était, qu'au premier son de trompette, on devait se réunir sur la place. Le sabre d'une main et le pistolet de l'autre, on surprend dans leurs lits une centaine d'hommes qu'on fait prisonniers : on ramène aussi quarante chevaux et des bagages. Mais ce qui réjouit le plus nos soldats, c'est qu'ils délivrèrent un bon nombre de nos prisonniers. Ce parti de cavalerie aurait poussé jusqu'à Orthez ; mais le chef d'escadron Dania, apercevant sur la route un régiment anglais d'infanterie, rentra dans nos lignes avec tout son butin, et sans que sa troupe eût reçu une égratignure. L'ennemi crut, après l'événement, que c'était quelque coup de partisan, et que ses derrières en étaient infestés. Ces excursions partielles n'offrent jamais de grands résultats; mais elles servent à exciter l'inquiétude d'un ennemi soupçonneux.

L'ennemi ne reprenait jamais l'offensive, qu'il ne fût en forces supérieures sur un point; et quand il manœuvrait en avant, on pouvait être sûr que les chances étaient pour lui. Nous étions instruits d'ailleurs, par tous les rapports, des troupes qui lui arrivaient. Depuis le 18 mars, il cherchait à déborder notre droite, pour intercepter à notre armée la route de Tarbes, et par conséquent celle de Toulouse. Le 19, son mouvement se prononce, d'après ce plan, et il se porte sur Maubourguet. Le général Berton, qui avait sur ce point une brigade de cavalerie, exécute deux belles charges; mais il est obligé de céder au nombre et de se retirer. Le gros de notre armée prenait position en même temps sur le plateau de Lamayou, et en tête du bois de Labatut. Le duc de Dalmatie avait le projet de tomber sur le corps ennemi qui manœuvrait dans la vallée de l'Adour; mais au moment de l'exécution, on apprend que toute l'armée ennemie s'y trouvait, et qu'elle se prolongeait sur le contre-fort d'Auriébat et de Sauveterre. Nous ne pouvions donc, ni rester où nous étions, ni marcher à l'ennemi. Le plus urgent était de couvrir la route de Tarbes, et de reprendre notre mouvement de retraite : c'est ce que nous fîmes. Le comte d'Erlon se porte sur Vic-Bigorre, et occupe l'ennemi, tandis que le restant de l'armée marche sur Tarbes. Le comte d'Erlon trouve à Vic-Bigorre la cavalerie anglaise, et la rejette jusqu'au delà du village de Balot; mais vers les trois heures de l'après-midi, plusieurs colonnes débouchent simultanément sur Vic-Bigorre, et forcent la 1.re division à se retirer : heureusement que cette division est parfaitement soutenue par la 2.me, qui était placée en seconde ligne. L'engagement sur ce point continue jusqu'à la nuit close, et se termine par l'établissement à Pujo des avant-postes du comte d'Erlon.

Le 20, l'armée se forme sur les hauteurs en arrière de Tarbes, occupe le plateau d'Oléac, et place ses avant-postes absolument devant Tarbes. A onze heures du matin, l'ennemi débouche sur cinq à six colonnes, qui viennent par les directions de Rabastens, de Vic-Bigorre et de Ville-Pontot. Ces colonnes marchaient toujours dans le but de déborder notre droite. On voit donc que notre retraite était inévitable. Nous nous battons en nous retirant en ordre sur Tournay. Ce jour-là l'ennemi montrá six mille hommes de cavalerie.

L'armée française arrive à Saint-Gaudens, à Martres, à Noë, sans être talonnée, l'ennemi se bornant à suivre son mouvement avec circonspection.

Cependant, dans la journée du 22, le 10.me de chasseurs à cheval étant sur le plateau de Saint-Gaudens, pour observer le défilé de Saint-Martori, négligea de bien s'éclairer sur sa droite, et fut attaqué par quatre régimens anglais, qui le chargèrent sur son front; mais le brave 10.me repousse cette charge, et s'ouvre un passage sur les rangs ennemis avec un courage héroïque. Il perdit une quarantaine d'hommes et autant de chevaux.

L'ennemi voyant évidemment que nous nous retirions sur Toulouse, aurait dû porter en hâte toute sa cavalerie par Rabastens et Auch, pour arriver avant nous à la jonction de la grande route de Toulouse. Il est vrai que ce mouvement n'eût pu arrêter la marche de notre armée, qui était bien décidée à passer sur le corps de l'ennemi partout où il l'aurait fallu ; mais nous étions si faibles en cavalerie, que les alliés auraient dû tirer plus de parti de la leur.

Si nous avons fait quelques fautes (eh ! qui n'en commet pas ?), on a pu juger jusqu'ici de celles qu'on peut, sans prévention, reprocher à l'ennemi dans le cours de cette campagne. Il y a des gens qui, loin de considérer comme une faute cette lenteur du général anglais dans la suite de ses opérations, la caractériseront de prudence. Mais quel rôle a à jouer la prudence, quand on commande une armée deux fois au moins plus nombreuse que celle de l'ennemi qu'on a à combattre, et qu'on n'a d'ailleurs rien à redouter de la population du territoire qu'on envahit ? Si ce n'est pas là de la lenteur et de l'hésitation, ces mots doivent être effacés de la langue.

Le 24 mars, l'armée française était réunie sur la Garonne, et couvrait Toulouse en occupant le ruisseau Touch, Saint-Martin, Tourne-Feuille, Saint-Simon et Portet.

Le duc de Dalmatie reconnaît lui-même tous les points susceptibles de défense, soit sur les deux rives de la Garonne, soit sur le canal du Languedoc, qui forme depuis son embouchure jusqu'au pont des Demoiselles, un demi-cercle sur Toulouse. Le faubourg Saint-Cyprien est couvert par une tête de pont. On s'occupe d'abord d'élever des redoutes sur les points les plus essentiels : chaque quart d'heure que l'ennemi nous laissait, augmentait notre confiance : à peine avait-on ébauché une fortification, qu'on en commençait une autre : les obstacles, les barrières s'élèvent de toutes parts : rien n'était achevé, rien ne pouvait l'être. On conçoit quelle consistance peuvent avoir des travaux faits en toute hâte, devant des ennemis nombreux, qui peuvent les fouler aux pieds au premier signal (*). Il fallait bien connaître la tactique lente de l'ennemi, pour avoir la constance d'entreprendre de tels travaux. Que

(*) Si on veut connaître en détail tous les travaux qui ont été faits à Toulouse par l'armée des Pyrénées, qu'on lise un ouvrage, imprimé dans cette ville, qui a pour titre : *Précis historique de la bataille livrée*,

de personnes, en voyant ces remuemens de terre jugeaient que nous prenions la précaution inutile ! Il en était de même aux environs de Bayonne, et sur tous les points où notre armée s'était arrêtée. Pourquoi couper ces arbres ? Pourquoi abattre cette maison ? Pourquoi élever une redoute au milieu de

---

le 10 *avril* 1814, *sous les murs de Toulouse, etc.* Cet ouvrage, parmi des inutilités et des pages de rhétorique qui ne vont pas au sujet, renferme cependant, sur les localités, des vues qui peuvent être utiles, et des particularités qui attestent les peines que l'auteur a dû prendre pour instruire son lecteur. La partie des fortifications, qui est une chose matérielle exposée à tous les regards, et qu'on peut mesurer à un mètre près, ne laisse rien à désirer. Il n'en est pas de même de la bataille, qui est rendue d'une manière décousue et inexacte, et qui exagère les pertes de l'ennemi. Mais si l'auteur n'a pu connaître tous les faits, s'il n'a pas été initié dans le secret des opérations, si son ouvrage manque d'une certaine unité que sa diffusion rend plus sensible ; on ne saurait trop faire l'éloge des sentimens qu'il manifeste et qu'il a puisés dans sa belle âme. Depuis la première ligne jusqu'à la dernière, on sent qu'il est bon français ; et certes ! ce mérite n'est pas si commun, surtout en parlant de nos faits d'armes, qu'il ne puisse racheter quelques défauts.

mon champ ? Toutes ces plaintes interrogatives, échappées à l'amour de la propriété, étaient commentées par l'ignorance ou la mauvaise foi. Il faudrait une force d'âme, une vertu qui n'est pas de nos temps modernes, pour sentir que l'intérêt privé, tout sacré qu'il est, doit se taire devant celui de l'état. Un général en chef, digne du commandement qu'on lui a confié, voit la patrie avant le propriétaire; et s'il ne peut sans conséquence préserver celui-ci d'un sacrifice momentané, il en gémit, mais il l'ordonne. Les Turenne, les Condé et les Catinat, n'auraient pas agi autrement; et si l'un de ces grands capitaines se fût trouvé à la place du duc de Dalmatie, il eût certainement été blâmé d'avoir remué la terre d'autrui.

Nous trouvâmes à Toulouse des effets d'habillement et de chaussure, qu'on distribua aux soldats, dont la plupart étaient pieds nuds. On se débarrassa de tous les malades qui étaient dans les hôpitaux et à la suite des corps. On prit dans l'arsenal toutes les pièces qui étaient nécessaires pour garnir les redoutes et les remparts de la ville. Enfin, le général en chef eut la précaution de faire mettre en route pour Paris tous les affûts et tous les caissons d'artillerie qui venaient d'être confectionnés, et qui, à l'issue de la bataille que tout annonçait, auraient pu tomber au pouvoir de l'ennemi. Ceux qui savent combien l'arsenal de Toulouse est important, et ce qui y existait à cette époque, apprécieront cette dernière disposition, dictée par la prudence, laquelle a valu à l'état la conservation d'un précieux matériel, représentant une valeur considérable. Il fallait qu'il ne restât à Toulouse que ce qui était absolument indispensable, et qu'il n'y eût pas un seul homme d'inutile. Cette ville offrait l'image de l'activité la plus infatigable.

L'armée était déjà instruite de l'occupation de Bordeaux, mais elle ne le fut de tous les détails de la journée du 12 mars, que peu de jours avant la bataille du 10 avril. On peut considérer la conduite des bordelais sous deux rapports bien distincts : si l'on ne regarde que la restauration, cet événement inespéré qui a rendu la France à ses antiques institutions et à elle-même; qui peut douter que les bordelais ne l'aient hâtée, en exprimant les premiers, avec un dévouement qui ne sera jamais oublié, les vœux de tous les français ; et qu'ils n'aient acquis, par ce noble élan, des droits incontestables à leur reconnaissance et à leur admiration ? Mais, en considérant ensuite l'accueil que les troupes anglaises ont reçu à Bordeaux, abstraction faite du beau mouvement en faveur de la restauration ; n'est-il pas permis de croire que les bordelais ne se sont pas montrés comme ils le devaient, et qu'ils ont été égarés, dans l'ivresse de leur joie, en étendant à des étrangers armés, les effets d'un enthousiasme qui devait s'arrêter à la personne du prince qui en était l'objet ? Rien n'eût manqué au 12 mars, si la ville de Bordeaux se fût montrée tout à la fois royaliste et française ; et cette distinction, loin d'être sophistique et tardive, eût pu être réalisée, si une députation envoyée à temps à S. A. R. le duc d'Angoulême, se fût exprimée à peu près ainsi : *Prince! nos cœurs et nos bras sont à vous : daignez nous honorer d'une confiance que nous méritons par notre fidélité au souverain auguste dont vous êtes le précurseur, et par notre dévouement à V. A. R. Entrez dans notre ville sous la seule escorte des bordelais : vous y serez en sûreté, comme dans le sanctuaire le plus inviolable ; mais obtenez du général anglais que sa troupe ne pénètre pas dans nos murs. Sous quelque dénomination que ces étrangers se présentent , il est constant qu'ils se battent contre nos frères, et qu'ils envahissent notre territoire : les bordelais ne peuvent voir en eux que des ennemis. Faites que nous jouissions d'une gloire sans tache aux yeux de la France qui nous observe : la journée du* 12 *mars doit être pure comme nos sentimens. Nous ne supplierons pas V. A. R. d'excuser un excès de délicatesse et de fierté : ne savons-nous pas que le descendant d'Henri IV et de Louis XIV vole au devant de tout ce qui tient à la grandeur nationale et au vrai point d'honneur?* Un discours prononcé dans ce sens, n'importe la diction, eût prévenu l'occupation de Bordeaux par l'armée ennemie; et les bordelais n'auraient pas eu, après le calme qui succède toujours aux agitations les plus délicieuses, le regret de s'être précipités avec trop de légèreté au devant des anglais, qu'ils n'ont reconnus pour ennemis que lorsqu'ils ne l'étaient plus, et que la faute était faite. Il est malheureux de ne bien juger des choses qu'après l'événement, et de ne pouvoir passer sous silence, en écrivant la campagne des Pyrénées, l'impression que fit sur les troupes françaises l'entrée triomphale et imprévue des anglais dans Bordeaux. Cette impression a été telle, qu'elle a fait naître les réflexions qui précèdent.

Le maréchal Suchet, duc d'Albuféra, avait dû évacuer l'Espagne avec son corps d'armée : il venait de rentrer par la frontière des Pyrénées Orientales : il n'avait devant lui ni armée anglaise ni armée portugaise; et les troupes espagnoles qui avaient suivi sa retraite, ne pouvaient lui causer d'inquiétudes. La position du maréchal duc de Dalmatie était bien autrement critique : il venait d'arriver à Toulouse, après une campagne des plus sanglantes et des plus laborieuses : il était à la veille d'être attaqué par l'élite des alliés, commandés par lord Wellington. Dans cette situation, il vint au duc de Dalmatie une idée heureuse, qui, si elle eût reçu son exécution, évitait les chances d'une bataille incertaine et disproportionnée : il écrivit au duc d'Albuféra, pour lui proposer de diriger sans perte de temps une colonne de dix mille hommes environ par Saint-Girons sur Saint-Martori et Saint-Gaudens : diversion qui eût placé les ennemis entre deux feux, et qui eût forcé lord Wellington à détacher au moins vingt mille hommes sur cette colonne, qui se serait trouvée absolument sur ses derrières. Dès lors tout eût changé de face : l'armée des Pyrénées ne se serait plus bornée à défendre Toulouse, elle aurait fondu sur l'ennemi avec joie; et on pouvait raisonnablement espérer de ce plan les plus beaux résultats. La réponse du duc d'Albuféra au duc de Dalmatie détruisit tout espoir : elle portait en substance que l'armée d'Aragon était trop faible pour qu'on pût l'affaiblir encore par un fort détachement, et qu'elle était à peine suffisante pour garnir les places, forts et postes qui défendaient la frontière. Nous n'examinerons pas à quel point ces raisons pouvaient être fondées; nous nous bornons à rendre compte du fait.

Une division de cinq à six mille hommes, sous les ordres du général comte Decaen, était annoncée comme renfort à l'armée des Pyrénées, et son itinéraire était tracé par la route d'Agen. Si elle avait pu arriver à Bordeaux avant le 12 mars, les anglais n'auraient pas aussi aisément occupé cette ville, à laquelle nous ne pensions plus. Le passé, surtout à la guerre, est sitôt oublié ! mais aussi le présent et l'avenir se présentent comme un seul point. Nos vœux se tournaient vers cette division ; nous ne nous flattions pas qu'elle pût nous joindre avant la bataille, mais nous espérions du moins qu'elle pourrait arrêter les progrès de l'ennemi du côté de la Gironde. L'événement a prouvé que ce secours était tardif, et que tout conspirait à nous abandonner à nous-mêmes.

Cependant il est vrai de dire que l'armée française se créa une ressource dans les conscrits qui se trouvaient dans les dépôts des régimens. Le duc de Dalmatie donna l'ordre de les faire venir à Toulouse, d'en former une division, qu'on nomma de réserve, et dont le commandement fut confié au général Travot, à qui il paraissait devoir être dévolu, puisqu'il commandait déjà la 10.me division territoriale. On verra, dans la journée du 10 avril, ces conscrits, qui n'avaient jamais été au feu, s'égaler par leur bonne contenance aux troupes les mieux aguerries. C'est ainsi qu'aux premières campagnes de la révolution, la jeunesse française faisait pour ses coups d'essai des prodiges de valeur qui ont étonné l'Europe, et dont l'histoire ne perdra jamais le souvenir.

Il ne faut pas croire que, depuis le jour de notre arrivée à Toulouse jusqu'à celui de la bataille, l'ennemi se soit borné à nous observer, ni qu'il n'ait rien entrepris, soit pour nous resserrer dans nos lignes, soit pour nous engager, par de feints mouvemens, à renoncer au projet de nous retrancher sur ce point. Lord Wellington devait sentir qu'il aurait dû, dès le 24 mars, tenter de prendre Toulouse; et cette entreprise, loin d'être téméraire ou hasardeuse, eût probablement réussi; car quels retranchemens aurions-nous eus à lui opposer? mais plus il différait, et plus l'attaque devenait dangereuse. L'incertitude et les anxiétés n'étaient donc pas toutes du côté des français : l'ennemi commençait aussi à avoir les siennes. Voyons ce qu'il fit.

Toutes ses forces étant sur la rive gauche de la Garonne, les 26 et 27 mars il y eut quelques affaires d'avant-postes; et l'ennemi ayant poussé une forte reconnaissance sur toute la ligne, il parvient à occuper Portet, Saint-Simon, Tourne-Feuille, Colomiet et Blagnac. Ses camps s'établissent sur le prolongement de cette ligne, et couronnent ses hauteurs. Il occupe aussi les deux rives du Touch. Par ce mouvement, il se rapprochait de la Garonne. Quoiqu'on se fût canonné, nous n'eûmes qu'une vingtaine de blessés. Nous ne considérâmes donc ce mouvement que comme un éveil, qui redoubla et notre vigilance et l'activité de nos travaux.

Mais dans la nuit du 30 au 31, les démonstrations des alliés devinrent plus sérieuses : ils jetèrent un pont sur la Garonne à Cinte-Gabelle, vis-à-vis le village de Pinsaguel au dessus du confluent de l'Arriége ; et une de leurs colonnes poussa ses avant-postes jusqu'à Nailloux. Le lendemain, cette colonne revenant sur ses pas, repassa l'Arriége et la Garonne sur les mêmes points. Ainsi que nous l'avons fait observer, lord Wellington cherchait à exciter nos inquiétudes, et à nous porter à évacuer Toulouse ; mais le génie protecteur de nos armes avait arrêté que nous n'en sortirions qu'après avoir fait un sacrifice sanglant de nos ennemis.

Le temps s'était écoulé jusque-là en vains tâtonnemens de la part des alliés ; et cependant nos ouvrages de défense se développaient et commençaient déjà à prendre quelque consistance. Dans la nuit du 3 au 4 avril, l'ennemi passe la Garonne à hauteur de Merville et à Grenade. Ce passage s'effectue sous la protection de trente pièces d'artillerie qui étaient en position sur les hauteurs de la rive gauche, et malheureusement nous n'avions que de faibles postes sur ce point. L'ennemi s'avance sans obstacle sur Toulouse, et le soir il se trouva déjà à hauteur de Fenouillet. Le 8, il s'avance encore jusqu'aux éminences de Saint-Jean-de-Kirié-Eleison sur la route d'Alby. La cavalerie du général de division Soult gardait cette route; mais elle fut obligée de se retirer après avoir exécuté deux charges, dans lesquelles le 2.me de hussards s'était fait distinguer.

Dès le 7 avril, le bruit circulait à Toulouse que les armées étrangères étaient entrées dans notre capitale; et le Moniteur du 31 mars nous confirma ce cruel événement, qui nous frappait au cœur. L'occupation de Paris fut la dernière nouvelle que nous reçûmes : il ne parvint plus à Toulouse ni courriers de malles ni estafettes, l'ennemi s'étant rendu maître de la route directe de Paris par Montauban. Le duc de Dalmatie ne pouvait donc plus se guider que par ce qu'il savait de positif. Quelque conjecture que la prise de Paris dût faire naître sur la chûte prochaine du gouvernement impérial, ce gouvernement, dont rien ne constatait la ruine, était censé exister dans toute sa force pour notre armée, jusqu'à ce qu'elle apprît officiellement le contraire. Il y a une différence sensible entre le siége d'un gouvernement, qui peut être envahi, et le gouvernement lui-même, qui se transporte où il veut. C'est dans les momens de crise qu'il y a quelque mérite à garder la foi d'un serment : l'armée en avait fait un; elle dut être inébranlable ; elle le fut. En dernière analyse, le général anglais, sur l'humanité de qui on devait raisonnablement compter, offrait une garantie au général français, qui était comme enveloppé dans Toulouse. Le duc de Dalmatie n'avait ni le projet ni les moyens de livrer une attaque, c'était déjà assez qu'il pût se défendre. L'ennemi, comme on l'a vu, occupait la route directe de Paris : ses opérations étaient liées à celles de la coalition : il devait donc être instruit plutôt que nous du moment de l'abdication de Buonaparte ; et nous ne pouvions lui faire l'injure de croire que, s'il acquérait la certitude d'un événement aussi majeur, il nous attaquerait, en nous le laissant ignorer. Cependant aucune espèce de communication n'ayant été faite au duc de Dalmatie, et le 10 avril l'ennemi nous ayant attaqués avec toutes ses forces; il paraît aussi évident que le jour, que les flots de sang répandus sous les murs de Toulouse ne l'ont pas été par le fait du général français, qui ne s'est servi que d'une légitime défense.

Le 9 au soir, le duc de Dalmatie donne ses ordres pour que, le lendemain, avant le jour, tous les corps fussent rendus aux postes respectifs qui leur avaient été assignés.

Position de l'armée française au 10 au matin :

La droite appuyée à Lers (lieutenant général baron Clausel).

La gauche au canal du Languedoc jusqu'à son embouchure (lieutenant général comte d'Erlon).

La tête de pont du faubourg Saint-Cyprien reste occupée (lieutenant général comte Reille).

Le plateau de Calvinet, situé entre le canal du Languedoc et Lers, fut la position sur laquelle le duc de Dalmatie crut devoir réunir ses principales forces. Il y avait fait élever des fortifications de campagne, qu'on n'eut pas le temps d'achever. Quatre divisions d'infanterie se forment sur ce plateau.

A six heures du matin, l'ennemi se met en mouvement sur toute la ligne, et débouche dans l'ordre suivant :

Deux divisions d'infanterie, par Dorade et Périoles, suivent la rive gauche de Lers, pour gagner le contre-fort du plateau qui descend sur les Bordes.

Deux divisions attaquent la brigade du général baron de Saint-Pol, qui occupait le petit plateau de la Pujade.

Deux autres divisions marchent sur les ouvrages du pont des Minimes, qui est sur le canal, et sur un autre pont, qui est sur la route de Blagnac.

Indépendamment de ces six divisions et de l'attaque du faubourg Saint-Cyprien, l'ennemi avait sur la rive droite de la Garonne une forte réserve d'infanterie et de cavalerie, prête à se porter, au premier ordre, sur tous les points.

En calculant le plus modérément possible les forces des deux armées, nous estimerons les nôtres de 23 à 24,000 hommes, et celles de l'ennemi de 75 à 80,000.

La brigade du général Saint-Pol (division Villatte) soutint parfaitement l'attaque, et ralentit le mouvement de l'ennemi, en se repliant en bon ordre sur la position, où elle trouva un appui.

Les deux divisions qui longeaient la rive gauche de Lers, avaient porté leurs têtes de colonnes jusque près du pont des Bordes, sur la route de Carament; mais nous avions eu la précaution de détruire ce pont, ainsi que celui d'Aigua sur la route de Verfiel. Ces deux divisions marchant par le flanc et sur trois lignes, occupaient une assez grande étendue de terrain. Le duc de Dalmatie jugea qu'elles pouvaient se compromettre; mais il fallait profiter du moment, et ne pas attendre qu'elles vinssent sur nos retranchemens. Il donne en conséquence l'ordre au général Taupin, dont la division était formée sur le plateau, de se porter sans hésiter au pas de charge sur l'ennemi, de couper sa ligne, et d'enlever tout ce qui s'était aussi imprudemment engagé. La division Taupin, dans le mouvement qu'elle allait entreprendre, était soutenue par une brigade de la division Darmagnac, et se trouvait appuyée par les ouvrages de la droite de la ligne, dans lesquels le général de brigade Dauture était enfermé avec le 9.me d'infanterie légère. Pour mieux la protéger encore, le général de division Soult porte un régiment de cavalerie en avant, pour intercepter les communications de la colonne ennemie, tandis que deux autres régimens l'auraient occupée sur sa gauche. Avec ces précautions, quel résultat ne devions-nous pas espérer ! Le succès paraissait infaillible, et 7 à 8,000 hommes devaient être pris. Mais, peut-on le taire ? la division Taupin fut mal lancée : elle n'aborda pas l'ennemi franchement, ainsi que le duc de Dalmatie l'avait ordonné : l'ardeur qu'elle démontrait en faisant le premier pas en avant, loin de croître à l'approche de l'exécution, se calmait, et laissait apercevoir de l'hésitation : elle appuie à droite pour prendre position. L'ennemi, qui l'avait vu déboucher sur lui, et qui dut d'abord être frappé de sa contenance, profite de ce mouvement à droite, se forme de nouveau et marche contre elle. Ainsi tout change en un instant ; notre division renonce à l'attaque, et ne s'occupe plus que de sa défense : elle se rejette sur le retranchement défendu par le 9.me léger, et entraîne ce régiment. Dans ce désordre, le général Taupin est tué. Ombre de Taupin ! ne gémissez pas de ce récit : on ne peut le passer sous silence : d'ailleurs il n'a rien d'humiliant pour le nom que vous avez laissé. En effet, la bravoure de ce général et de sa belle division était tellement citée, que le duc de Dalmatie les honorait souvent des attaques les plus périlleuses. Une faute, pour grave qu'elle soit, ne ternit jamais de longues années de gloire. Ceux qui ont connu le général Taupin, savent qu'il ne serait jamais parvenu au grade de général de division, si son intrépidité et sa bonne conduite ne l'avaient fait distinguer dans toutes ses campagnes, et n'eussent fait oublier ce qui lui manquait du côté de l'éducation. Tout soldat s'honorait d'être sous les ordres du général Taupin, et l'armée a pleuré sa perte.

Le mouvement de l'ennemi entre les bords de Lers et nos retranchemens, ne sera pas considéré comme une faute par ceux qui ne jugent des choses que par l'événement ; mais il est très sûr qu'il ne fallait rien moins que l'autre faute que nous venons de signaler, pour faire tourner la sienne à son avantage. Maître de la redoute évacuée par le 9.me léger, et de la partie du plateau où notre droite s'était appuyée, l'ennemi acquiert l'avantage de pouvoir attaquer obliquement nos autres redoutes, par les faces qu'on n'avait pas eu le temps de terminer. Il se renforce sur sa gauche, et entreprend de s'établir successivement dans nos ouvrages. Celui du Mas-des-Augustins est pris et repris deux fois. Les écossais y éprouvèrent une grande perte. Le général de division comte Harispe, qui commandait sur ce point, a une partie d'un pied emportée par un boulet : blessure cruelle, qui eût pu lui coûter la vie.

Le centre et la gauche obtiennent des succès constans. L'ennemi s'opiniâtre à attaquer de front nos positions, qui vomissent la mort dans ses rangs. Les espagnols et les portugais se trouvent constamment exposés au feu de notre artillerie et de notre mousqueterie.

Un bataillon de la division Darricau fait une sortie par le pont de la porte Matabiau, tandis qu'un autre bataillon de la division Darmagnac débouche par le revers de la position. Ces deux bataillons complétent la déroute de l'ennemi, qui trouvait la mort à chaque pas, et qui se retire effrayé à plus d'un quart de lieue de notre front, avant de pouvoir se reconnaître ni se rallier.

Le comte d'Erlon défendait, avec la 1.re division d'infanterie, les postes fortifiés de la porte Matabiau, du pont des Minimes sur la route de Montauban, et de l'embranchement du canal sur la route de Blagnac. La porte Matabiau ne fut point attaquée; mais l'ennemi dirige des forces sur les Minimes. Le 31.me léger était là, défendant les approches du couvent. La contenance de ce corps rendit vains les efforts de l'ennemi, qui abandonna son entreprise. Sur l'embranchement du canal, au pont Jumeau, il veut brusquer l'attaque; mais il est repoussé avec une perte effrayante : on peut en juger par celle qu'essuya un régiment anglais de neuf cents hommes, qui fut réduit à cent-cinquante, et dont le colonel fut pris. Nos soldats, n'ayant pas le temps de charger leurs armes, lançaient des pierres, qui blessèrent un grand nombre d'ennemis.

Nous avions été obligés de dégarnir la tête de pont du faubourg Saint-Cyprien; et le comte Reille, chargé de ce point important, n'ayant qu'une seule division d'infanterie à opposer à l'ennemi, fit évacuer sa première ligne, et se borna à défendre l'enceinte du faubourg contre onze à douze bataillons et deux batteries d'artillerie. Le comte Reille se maintint avec fermeté à sa seconde ligne.

Quoiqu'on se battît avec un courage égal sur tous les points, toute notre sollicitude se tournait vers le plateau de Calvinet, dont nos soldats soutinrent la défense jusqu'à cinq heures du soir. Que de traits de bravoure ont honoré cette journée, et sont allés se perdre avec elle dans la nuit des temps ! Comment se faire personnellement remarquer dans les rangs des braves et au fort de l'action? L'histoire, en nous parlant des spartiates qui défendirent le passage des Thermopyles, ne nomme que leur chef Léonidas : ils n'étaient cependant que trois cents; mais comme ils moururent tous pour leur pays, ainsi qu'ils l'avaient juré, la postérité, qui admire leur héroïsme, ne voit en eux qu'un seul corps enflammé par l'amour de la patrie, et dont le sublime dévouement partait d'une même âme. L'équitable postérité dira aussi : *A telle époque, l'armée française, sous les murs de Toulouse, et sous le commandement du maréchal duc de Dalmatie, s'est montrée digne d'elle et des spartiates.* Mais pourrait-on ne pas citer un bataillon du 45.me de ligne, commandé par M. Guerrier, qui défendait les dernières redoutes du plateau ? Guerrier ! quel nom fut jamais mieux donné et mieux soutenu ! Il ne restait plus à cet officier que cent hommes en état de combattre, et il avait perdu tous les chevaux attelés aux pièces, quand il se décida à la retraite.

Le lieutenant général Clausel, malgré les attaques réitérées de l'ennemi, reste sur le plateau en avant de Cambon et de Labourdette, couvrant l'embranchement des routes de Carament et de Verfiel, et s'appuyant aux ouvrages du pont des Demoiselles, dans lesquels le général de division Travot était placé avec les conscrits de nouvelle levée. Ces conscrits, ainsi que nous l'avons dit, s'égalèrent, dans cette journée, aux vieilles troupes. L'inexpérience et la jeunesse ne sont pas des défauts dans un soldat, qui brave d'autant plus le danger qu'il le connaît moins. Une première campagne se présente à l'imagination d'un jeune homme avec tous les charmes de la victoire et de la nouveauté; mais une longue guerre détruit cette illusion : on ne voit plus les choses que comme elles sont, on acquiert en à-plomb ce qu'on perd en ardeur; et à tout considérer, une armée française composée de jeunes soldats et d'officiers expérimentés, ne le cédera point à des troupes aguerries.

Le duc de Dalmatie ne quitta le plateau de Calvinet, que lorsque la dernière redoute fut évacuée.

La nuit mit un terme au combat.

On fit la récapitulation de nos pertes, et nous vîmes qu'elles étaient de 2,000 à 2,100 hommes en morts et blessés. Plusieurs officiers généraux et supérieurs furent au nombre des derniers (*).

L'ennemi, de son propre aveu, a essuyé une perte de 10,000 hommes. Les habitans

(*) Nous ne nommerons ici que le général de brigade Baurot, qui, recevant la blessure la plus grave, a eu le bonheur de survivre à l'amputation d'une jambe, et de pouvoir encore servir son pays. Le moindre mérite de cet officier général est d'être brave, puisque tout français l'est aussi; mais il a des talens que tout général n'a pas, et qui lui assureront toujours d'honorables distinctions.

de Toulouse croiront toujours qu'elle a été de 14 à 15,000 : des relations imprimées la portent même au delà; mais en prenant sans prévention un terme moyen, on croit pouvoir affirmer qu'elle a été de 12,000 hommes.

Notre artillerie tira, dans la journée, dix mille coups de canon, et consomma toute sa mitraille. Cette arme, toujours si distinguée en France, était, pendant la campagne des Pyrénées, sous les ordres du général de division Tirlet, homme précieux à la guerre, et d'une modestie égale à son mérite.

Il est impossible qu'une armée ait de meilleurs lieutenans-généraux qu'étaient les nôtres. La réputation des d'Erlon, des Reille, des Clausel, des Gazan, était faite longtemps avant cette campagne. Quelle activité! quel coup d'œil! quelle bravoure! Les généraux de division n'étaient pas moins connus. De tels hommes, habitués à lire dans la pensée de leur digne chef le duc de Dalmatie, faisaient exécuter ses ordres avec intelligence. De là cet ensemble, cet accord parfait, qu'on vit à Orthez et à Toulouse, où ces vigoureux ressorts étaient concentrés.

Mais, après avoir rendu à l'armée le tribut qui lui est dû, voyons la garde-nationale toulousaine participer avec un calme imposant au succès de cette journée. Elle n'était pas, il est vrai, en première ligne, et ne devait point y être, ainsi qu'elle l'eût désiré. Son service, marqué par son institution, fut déterminé avant la bataille : elle fut placée aux portes de la ville, avec ordre de n'y point laisser pénétrer un seul soldat qui ne fût blessé : elle avait aussi des détachemens sur les places principales pour maintenir le bon ordre. Nos soldats virent dans cette garde urbaine des frères d'armes qui s'intéressaient sincèrement à leur triomphe. Mais ce qui les pénétra de reconnaissance et d'admiration, ce fut le soin qu'ils prirent de leurs blessés : chacun voulait les recueillir chez soi : toutes les maisons de Toulouse étaient autant d'hospices ouverts à ces malheureux : les femmes, les vieillards attendris allaient au devant des brancards. On n'entendait dans la ville que les cris touchans de l'humanité. Jour heureux ! où les français, oubliant ces opinions funestes qui soufflent la discorde dans les cœurs, s'unissaient devant l'ennemi commun par l'amour de la gloire et de la patrie !

On a observé que les espagnols ont été plus exposés que les anglais au feu de nos batteries. On sait que les anglais ont pour systême de beaucoup ménager leurs soldats mais on ne doit pas induire de cette précaution qu'ils le cèdent en courage à ceux des puissances continentales : la raison en est que l'Angleterre recrute difficilement. Nous avons dit franchement jusqu'ici ce que nous pensions de l'armée anglaise et de son général en chef ; mais nous ne remplirions pas l'engagement que nous avons pris avec nous-même en écrivant ce mémoire, si nous ne disions aussi que des officiers distingués de notre armée, qui avaient fait les campagnes du nord, ont rendu ce témoignage aux troupes anglaises, qu'elles se battaient aussi bien que les troupes russes, et qu'il n'en était pas de meilleures pour la guerre de position.

Dans la nuit du 10 au 11, toutes les dispositions furent faites pour résister à une nouvelle attaque ; et si l'ennemi l'eût tentée, des torrens de sang auraient coulé. Qui le croirait ! notre armée était plus animée qu'abattue. Elle s'était couverte de gloire, et cependant elle brûlait encore du désir d'en venir aux mains. Dans quelle anxiété durent passer la nuit ces bons habitans de Toulouse ! Leur ville avait été jusque-là préservée du pillage ; mais pouvaient-ils entrevoir sans frémir les horreurs dont ils étaient menacés ? Quel soleil devait se lever sur eux ? La providence veilla heureusement sur cette intéressante population : elle ne permit pas que l'ennemi nous attaquât ; et la journée du 11, consacrée tacitement à l'inhumation des morts et au pansement des blessés, avait je ne sais quoi de sombre et de religieux, qui calma les courages émus, et qui permit aux âmes sensibles de s'ouvrir aux affections les plus douces.

Au milieu de ce silence auguste, le duc de Dalmatie donnait des ordres pour l'évacuation de Toulouse. Il choisit ce moment pour écrire aux autorités locales une lettre de félicitation sur la belle conduite des habitans pendant la bataille : il leur disait entre autres choses : *Je me trouverais honoré de faire partie de la garde-nationale de cette vieille capitale du Languedoc.* En montant à cheval avec son état-major, vers les onze heures du soir, le maréchal, dans la cour de l'hôtel qu'il habitait, fit un discours au poste d'honneur que la garde urbaine y avait placé, depuis le premier jour de son entrée dans la ville. Il exprima d'un ton pénétré à ces bons français tout ce que peuvent inspirer des sentimens d'estime et d'affection, et ce qu'on affaiblirait en le répétant. On eût dit que le maréchal se séparait à regret de ses frères d'armes, de ses amis les plus chers. Ces adieux touchans peuvent être considérés aussi comme l'expression de la reconnaissance nationale envers les toulousains. Le discours fut souvent interrompu par les cris de *Vive le maréchal Soult! Vive l'armée des Pyrénées!*

Nous enclouâmes et enfouîmes quelques pièces de gros calibre que nous ne pûmes traîner à notre suite, et nous laissâmes dans Toulouse environ neuf cents fiévreux ou blessés qu'on jugea trop faibles pour supporter les fatigues d'une route. Les postes furent évacués successivement et avec la plus grande prudence. L'armée prend la route de Castelnaudary et de Carcassonne. Les divisions marchent en bon ordre avec leurs batteries d'artillerie, la mèche allumée. Le silence le plus profond règne dans nos rangs. La nuit était belle; un clair de lune nous permettait de voir les postes ennemis placés tout près de nous sur les hauteurs qui couronnent la ville, et d'où ils voyaient aussi notre mouvement. Pas un seul coup de fusil ne fut tiré sur notre colonne. L'ennemi avait payé assez cher la possession de Toulouse : notre retraite était celle du lion, qui est redoutable alors même qu'il s'éloigne.

Le 12, l'armée prend position à Villefranche. L'ennemi est sur nos pas. Un petit engagement a lieu, dans lequel nous perdons, par défaut de surveillance, vingt-cinq chasseurs à cheval.

A Naurouze, entre Villefranche et Castelnaudary, un colonel anglais arrive à notre quartier-général, pour annoncer les événemens de Paris et l'abdication de Buonaparte. Un major français accompagnait ce colonel. Le duc de Dalmatie réunit dans l'instant un grand conseil de guerre, composé des lieutenans généraux et des généraux de division. Le maréchal donne lecture de la lettre de lord Wellington, et des articles du Moniteur qu'elle renfermait. Chacun émet son opinion sur cette communication : tous n'ont qu'un même sentiment, celui de proposer un armistice au général anglais, jusqu'à ce qu'on reçût un ordre officiel du gouvernement provisoire, afin d'éviter une effusion de sang qui pouvait être sans objet. On conciliait ainsi les droits sacrés de l'humanité avec ce que l'armée française se devait à elle-même, en face d'un ennemi de qui nous venait une communication aussi importante, et sur la politique duquel nous devions nous tenir constamment en garde. L'armistice fut donc proposé à lord Wellington. Mais le général anglais insinua dans sa réponse à notre général en chef, qu'il paraissait convenable que l'armée française fît paraître son adhésion au gouvernement reconnu des puissances alliées, avant de conclure l'armistice. Cette proposition dut choquer le duc de Dalmatie. Quoi! dit-il, lord Wellington m'annonce comme officiels les événemens de Paris et de Fontainebleau, et cependant il hésite à accepter un armistice! De deux choses l'une, ajoutait-il, ou ces événemens sont vrais, ou ils sont faux: s'ils sont vrais, quel inconvénient y a-t-il à empêcher le sang de couler? s'ils sont faux, pourquoi me les communiquer? et dans tous les cas, pourquoi faire précéder l'armistice par l'adhésion? D'ailleurs, le mot *adhésion* n'emporte-t-il pas radicalement avec lui le sens d'un acte libre de la volonté de celui qui adhère? et ne serait-il pas humiliant qu'une armée française parût adhérer sous l'influence des bayonnettes étrangères? Le maréchal écrivit dans ce sens à lord Wellington. En même temps l'ordre fut donné à notre armée de redoubler de surveillance, pour soutenir ou livrer de nouveaux combats. Nous étions dans ces pénibles incertitudes, quand le maréchal reçoit du prince Berthier, un ordre daté de Fontainebleau du 9 avril, pour mettre fin aux hostilités. Le maréchal récrit encore à lord Wellington, pour lui proposer un armistice pur et simple : lord Wellington se rend à la force du raisonnement que lui fait le duc de Dalmatie; et les deux généraux en chef nomment enfin des commissaires, chargés de leurs pouvoirs respectifs, pour discuter et arrêter les clauses du traité d'armistice.

Nous étions déjà au 17 avril. En attendant que ce traité soit signé, faisons un dernier effort sur nous-même pour parler encore de combats. Nous avons promis de rendre compte d'une sortie opérée par la garnison de Bayonne, et de donner quelques notions sur les faits principaux du siége de cette place. Pour ne pas interrompre la marche des opérations de l'armée active, nous avons pensé qu'il était tout simple de ne la quitter qu'après qu'elle aurait cessé de se battre. Nous reviendrons ensuite, pour mettre un terme à ce mémoire, aux cantonnemens occupés par l'armée; et nous ferons connaître son adhésion, et la belle réception qu'elle a faite à S. A. R. le duc d'Angoulême.

Le quartier-général de l'armée active était déjà établi à Orthez : toute espèce de communication était interrompue avec Bayonne ; et cependant rien d'important n'avait eu lieu encore sous les murs de cette place, qui était pourvue de manière à faire une longue et belle résistance. Le passage de l'Adour cessait d'être un problême, dès l'instant que la rive droite de cette rivière, depuis Port-de-Lanne jusqu'à son embouchure, n'était plus gardée : la garnison de Bayonne était à peine assez forte pour défendre à la fois la citadelle, les camps retranchés du front d'Espagne et de la porte de Mousserole, ainsi que les nombreuses redoutes qui servaient de liaison et d'appui au développement de tous les ouvrages. La petite flotille que le duc de Dalmatie fit équiper et armer, et qui fut placée sous les ordres du capitaine de frégate Depoge, rendit, ainsi qu'on l'a vu, de grands services avant le blocus, en protégeant la navigation de l'Adour, qui était la voie par laquelle l'armée recevait des subsistances. Quand l'armée s'éloigna, et que Bayonne fut livré à ses propres forces, la flotille se réunit sous le canon de la place; non pour demeurer inactive en rade, mais bien pour se porter, selon les circonstances, sur tous les points de la rivière, où sa présence pouvait concourir au succès des opérations. Ces batteries flottantes étaient considérées comme autant de redoutes mobiles, servies par des hommes intrépides, dont la plupart avaient à venger quelque outrage reçu chez les anglais. Le même esprit animait nos troupes de terre et nos marins : leur courage était égal. Ces deux armes, qui agissent rarement ensemble, montrèrent à Bayonne un accord parfait : elles n'avaient d'autre rivalité que celle de la gloire : la présence de l'ennemi commun resserra entre elles le doux nœud de la fraternité.

Indépendamment des chaloupes canonnières, il se trouvait dans le port de Bayonne, une corvette de l'état, nommée *la Sapho*, armée de 18 carronades et de 2 canons. Ce bâtiment, commandé par M. Ripaud, lieutenant de vaisseau, était mouillé au bas des Allées-Marines, sur le flanc des ouvrages de notre ligne avancée, et était destiné à en protéger la défense, s'ils venaient à être attaqués. Le 23 février, au point du jour, on s'aperçut que l'ennemi établissait des batteries en face du banc Saint-Bernard, et au pied de la dune de Blanc-Pignon. *La Sapho* commence son feu, et le dirige sur les travailleurs. Malheureusement pour la corvette, qui était affourchée, la marée descendait : la force du courant ne lui permettant pas de présenter son travers pour faire jouer sa batterie, elle ne put se servir que de ses canons de retraite, qui produisirent peu d'effet. Vers les huit heures, l'ennemi ayant achevé d'établir ses batteries, et voyant la position fâcheuse où se trouvait *la Sapho*, lui envoie des boulets, des obus et des fusées à la Congrève, qui la traversent dans toute sa longueur, démontent ses canons de retraite, et menacent de la couler ou de l'incendier. Les chaloupes canonnières, qui étaient embossées à l'arsenal, lèvent l'ancre et volent au secours de *la Sapho*; mais la marée descendant encore, il fallait attendre le retour du flot, pour mettre la corvette à l'abri des batteries qui la foudroyaient, sans qu'elle pût faire usage de ses forces. Le commandant Ripaud soutenait la valeur de ses malheureux matelots, dont le sang ruisselait sur le pont du vaisseau : les boulets brisent la mâture, les manœuvres et le bordage. Quelle affreuse situation! Au fort de l'action, le brave Ripaud a le bras droit emporté, et il expire peu d'heures après, regretté de tout son équipage, comme un père chéri l'est de ses enfans. Cet officier servait avec distinction : il alliait à l'âme d'un Jean-Bart, cette aménité de mœurs, que le rude métier de la mer semble exclure : il pouvait n'être qu'estimé, mais il trouva doux de se faire aimer. Une vingtaine d'hommes de *la Sapho* furent mis hors de combat; et cette corvette ne parvint à se soustraire à une perte totale, qu'en se faisant remorquer, vers les trois heures de l'après-midi, jusqu'au mouillage qui est en face de l'arsenal, sous la protection immédiate du canon de la citadelle.

L'ennemi feignit de mettre beaucoup d'importance à l'attaque de *la Sapho*, pour détourner l'attention d'une opération plus sérieuse, dont il s'occupait en même temps : c'était le passage de l'Adour vers son embouchure. Toutes nos batteries flottantes le gênaient, et il devait ou les détruire ou les forcer à la retraite, avant de jeter son pont. Nous avions au Boucau un détachement de chaloupes canonnières et un bâtiment stationnaire, dont M. Bourgeois, lieutenant de vaisseau, avait le commandement. L'ennemi attaqua cette flotille, qui fit bonne contenance ; mais qui, n'étant pas soutenue, ne pouvait se maintenir dans sa position. M. Bourgeois ne se retira qu'après avoir détruit toutes les embarcations légères qu'il ne put amener. Ainsi *la Sapho*, les chaloupes canonnières, et même le stationnaire, ne rentrèrent dans l'enceinte du port, qu'après avoir lutté contre tous les obstacles, et avoir rendu à l'état de signalés services.

Dans la même journée du 23 février, l'ennemi effectue le passage de l'Adour, et jette près de son embouchure, un équipage de pont, qui lui permet de porter ses forces de la digue sud à la digue nord de la rivière. Que de commentaires n'a-t-on pas faits sur cet événement ! Nous avions, il est vrai, des pièces d'artillerie et deux bataillons d'infanterie au Boucau, avant le 23 février : l'ordre fut donné de dégarnir ce point, et de faire rentrer ces forces dans la place. Cet ordre a été généralement blâmé par les gens du pays : quelques aristarques ne se sont pas bornés à dire que c'était une faute, ils ont été plus loin, et n'ont pas hésité à affirmer que cette retraite était un indice de trahison. Examinons d'abord si c'était réellement une faute ; et si nous prouvons que ce n'en était pas une, l'imputation odieuse de trahison tombera d'elle-même, et ne subsistera plus que par son côté ridicule.

Une question bien simple va éclairer le fait. La voici : l'armée active ne gardant plus la rive droite de l'Adour, et Bayonne étant livré à ses propres forces, la garnison de cette place avait-elle les moyens d'empêcher le passage de la rivière aux alliés ? Quel est l'homme raisonnable, connaissant la position des lieux, quand il n'aurait d'ailleurs aucune idée de la guerre, qui pourrait répondre à cette question : oui, nous avions la faculté de nous opposer à ce passage ?

Or, s'il est démontré que l'ennemi, quoi que nous fissions, pouvait, s'il le voulait, jeter des ponts, soit au dessus, soit au dessous de Bayonne ; pourquoi regretter que le détachement que nous avions au Boucau n'y soit pas resté ? Qu'aurait-il fait devant la supériorité des forces que l'ennemi avait sur la rive opposée ? Ce détachement aurait-il pu tenir dans cette position ? et le feu de nos pièces aurait-il fait taire celui des batteries ennemies, qui étaient placées sur les hauteurs à gauche de Blanc-Pignon ? Mais admettons un instant que notre détachement, en se maintenant au Boucau, eût retardé la jetée du pont ennemi ; croit-on que les alliés n'eussent pas effectué en toute hâte, et peut-être à notre insu, un autre passage de l'Adour, au dessus de Bayonne, du côté d'Urt ou de Naguille ? Ce dernier passage aurait évidemment assuré celui du Boucau : les troupes ennemies se seraient portées, en évitant la citadelle et par Tarnos, sur notre détachement, qui eût été trop heureux de pouvoir se retirer en abandonnant ses canons. Il y aurait donc eu ignorance ou entêtement de notre part, à maintenir des troupes et de l'artillerie vers l'embouchure de l'Adour, puisque l'ennemi n'en aurait pas moins effectué son passage. La chose paraît si évidente à qui raisonne sans passion, qu'il y a en quelque sorte de la puérilité à s'arrêter à la démontrer. Persistera-t-on à dire encore que notre retraite du Boucau est une faute grave ou un indice de trahison ?

L'occupation du Boucau par l'ennemi, dut être pour la garnison de Bayonne un avertissement qu'elle serait resserrée dans ses lignes ; et c'est proprement du jour de cette occupation que date la formation du blocus. Les alliés firent au Boucau leur principal établissement, et recevaient par mer tous les secours dont ils avaient besoin (*).

Le soldat français, que la victoire a fa-

(*) L'entrée et la sortie du port de Bayonne ont toujours été considérées comme présentant des difficultés et des dangers : la mobilité du banc de sable qui se trouve à l'embouchure de l'Adour, et qui forme ce qu'on appelle la barre, intimide les pilotes les plus courageux et les plus expérimentés, la mer sur ce passage étant presque toujours courroucée. Un bâtiment d'une certaine capacité, ne peut entrer en rivière ou mettre en mer, qu'on n'ait reconnu préalablement la profondeur de la barre et sa situation :

vorisé si longtemps, a dans sa propre force une confiance qui lui est quelquefois funeste : on dirait qu'il dédaigne de se garder avec précaution devant l'ennemi ; et quand il est sur la défensive, il est facile de trouver sa surveillance en défaut ; mais,

---

sans cette précaution, il courrait risque d'échouer et d'être brisé par les vagues. Quand les alliés eurent jeté leur pont sur l'Adour, et qu'ils se furent ainsi rendus maîtres du bas de cette rivière, on vit la marine anglaise organiser un service de pilotage, qui fit ce que nos pilotes n'avaient jamais tenté. Aux mois de février et de mars, dans la saison des grosses mers et des vents violens, les bâtimens anglais, au grand étonnement de nos marins, entraient et sortaient, même pendant la nuit, sans qu'aucun accident ait pu leur faire soupçonner qu'ils commettaient une imprudence. Cet exemple est-il de ceux qu'on doive imiter ? Nous laissons aux gens de l'art à décider cette question. Quoiqu'il en soit, les obstacles que la nature a élevés à l'entrée du port de Bayonne, ne s'étaient pas aplanis pendant le blocus, et ne se sont pas multipliés depuis. Pourquoi donc ne pourrions-nous pas faire ce que les anglais ont fait ? Il serait à désirer, pour l'intérêt du commerce et celui de la marine de l'état, que nos pilotes pussent reconnaître l'insuffisance de leur longue expérience, et entreprissent ce que des étrangers ont si heureusement exécuté.

à la vue du danger, sa valeur répare sa négligence. Cette extrême sécurité tient sans doute à l'habitude de vaincre.

L'ennemi, depuis le passage du Boucau, occupait la hauteur qui est au delà du moulin neuf de Tarnos, sur la route de Bordeaux, la position de Hayet, sur l'Adour, et la maison Ségur, sur la gauche de la route de Toulouse. La garnison avait ses postes sur toutes ces directions.

Cependant, le 27 février, l'ennemi débouche sur nous par les routes de Bordeaux et de Toulouse, et fait filer, en soutenant l'action sur ces deux points, ses principales forces par les chemins creux qui conduisent de Tarnos au plateau de Saint-Etienne. Il s'empare des maisons Genestet, Saubaigné, de l'église, du cimetière des juifs, de l'Esperon, et, sur la gauche de la citadelle, des maisons Monet et Haubman. Toute la garnison prend les armes: on porte des secours sur les points attaqués. L'ennemi, enhardi par son premier succès, se jette dans le petit chemin qui descend de la route de Toulouse jusqu'à Saint-Esprit: il passe devant Jean d'Amou, et ses tirailleurs se glissent jusqu'au quartier appelé Cap-de-l'Esté. Le danger croissait à vue d'œil. Le général Thouvenot, commandant supérieur, se transporte à la citadelle, qui était menacée. La redoute de Saint-Esprit, si heureusement située, ainsi que deux pièces de canon qui se trouvaient appuyées à la maison Vergez du Cap-de-l'Esté, dirigent un feu nourri sur l'ennemi, dont l'ardeur cède par degrés devant nos troupes fraîches, qui le reçoivent à bout portant. Un chemin couvert, qui conduisait de la citadelle à la redoute de Saint-Esprit, et de cette redoute à la maison Vergez, facilitait la circulation de nos forces. L'ennemi ne peut plus se maintenir à l'entrée du Cap-de-l'Esté : il reprend le petit chemin qu'il avait suivi, le sème de morts, et s'arrête à l'Argenté. Nous fîmes de vains efforts pour reprendre nos positions du plateau : il nous fut impossible d'en débusquer l'ennemi, et nous eûmes le regret de les voir perdues par notre négligence.

Au commencement de l'action, quand l'ennemi se présenta à l'embranchement des routes en face de l'Esperon, il s'empara de deux obusiers chargés, dont il dirigea le feu sur nous ; mais ils furent aussitôt repris par nos troupes. La maison Larré, en avant du Cap-de-l'Esté, fut aussi prise et reprise trois fois.

Nos pertes en hommes hors de combat ne furent que de 231 hommes; mais celles de l'ennemi s'élevèrent au moins à 800. Parmi les officiers dont nous eûmes à déplorer la perte, nous citerons le capitaine Roques, aide-de-camp du général de brigade Maucomble, qui fut tué dans la citadelle, où ses cendres reposent.

Le général Thouvenot fut au nombre des blessés : il reçut, étant à la citadelle sur le bastion du Roi, une balle à la cuisse.

L'ennemi acquit, le 27 février, l'avantage incalculable d'occuper toutes les positions rapprochées de la partie faible de notre citadelle, et de pouvoir épier le mouvement de nos troupes. Depuis cette journée, nos bastions et nos redoutes ne cessèrent jamais de faire feu, même pendant la nuit. Le canon de la citadelle tirait sur toutes les maisons voisines, notamment sur celle de l'Esperon, dont l'ennemi avait fait un dangereux observatoire. Le clocher de l'église de Saint-Etienne fut abattu. La garnison de Bayonne n'eut plus à se faire le reproche de négligence: elle sentit que la surveillance la plus active pouvait seule la garantir d'une nouvelle surprise. Dès qu'on apercevait seulement quatre à cinq soldats ennemis, on ne dédaignait pas de leur envoyer un boulet de canon ou un obus. On conçoit qu'un feu aussi continuel, dirigé par de bons canonniers, n'a pas laissé de tuer partiellement, dans tout le cours du blocus, un grand nombre d'hommes aux alliés ; et les résultats ont prouvé que ce n'était pas sans raison que nous paraissions prodigues de munitions.

Nous avons vu l'armée des alliés attaquer, le 10 avril 1814, les débris de l'armée française sous les murs de Toulouse, et respecter notre attitude après cette sanglante bataille. La garnison de Bayonne était tellement bloquée à cette époque, qu'il lui était physiquement impossible de rien savoir, ni sur la journée de Toulouse, ni sur les événemens de Paris. L'attaque imprévue du 27 février, fut pour elle une leçon, dont le souvenir l'importunait; et elle avait à cœur d'en donner à son tour une pareille à l'ennemi. Le général Thouvenot méditait, depuis les premiers jours d'avril, la sortie qui ne put être exécutée que le 14. Valeureuse garnison! avant de déposer vos armes au sein de la paix, vous reçûtes comme d'inspiration une heureuse et dernière impulsion : vous deviez, ainsi que vous l'avez fait, vous associer aux lauriers dont vos frères venaient d'orner leurs fronts sur les bords de la Garonne; afin que deux journées mémorables n'en fissent qu'une seule pour toute l'armée, et qu'il fût également glorieux de s'être trouvé, ou à la bataille de Toulouse, ou à la sortie de Bayonne.

On ignorait les forces de l'ennemi, et le moyen de les connaître était de faire une sortie dans toutes les directions. L'attaque de notre part devait donc être générale; mais le général Thouvenot avait encore le dessein de reprendre les positions avancées que l'ennemi occupait, en face du camp retranché de la citadelle. L'église de Saint-Etienne, le carrefour sur l'embranchement des deux routes, les murs de l'Esperon, étaient pour l'ennemi autant d'abris contre le feu que nous dirigions sur lui; et il importait à notre sécurité que nous pussions l'en déloger. Quant aux deux camps retranchés du front de la place, nous ne pouvions concevoir la crainte que l'ennemi tentât de franchir cette imposante barrière. Ainsi notre véritable point d'attaque se bornait aux hauteurs qui menaçaient la citadelle ; et les autres sorties n'étaient que feintes.

Le général de division Abbé fut chargé de conduire les mouvemens simulés. La sortie principale fut confiée au général de brigade Maucomble, homme entreprenant, actif et ferme, créé pour imprimer un bel élan aux troupes. C'est le témoignage que lui a rendu la garnison de la citadelle, qu'il a constamment commandée.

Le 13, vers les dix heures du soir, il fut décidé qu'on attaquerait le lendemain au point du jour : toutes les dispositions furent faites pour que le coup de main réussît complètement ; mais un lâche se trouva parmi les braves, un soldat déserta de la citadelle à la faveur de la nuit, et courut prévenir les postes ennemis que nous allions fondre sur eux. Fâcheux incident, qui menaçait de détruire d'avance le fruit d'une entreprise infaillible ! Dès qu'on s'aperçut dans nos rangs de cette désertion, le général Maucomble jugea convenable de hâter le moment de l'exécution, afin que l'ennemi n'eût pas le temps de faire arriver en ligne les réserves qu'il avait au Boucau et du côté de Hayet.

Avant le jour, nos troupes sortent du camp retranché de la citadelle, et trouvent sous les armes, comme elles s'y attendaient, les postes ennemis, à qui notre déserteur avait donné l'éveil. Ils font d'abord une bonne défense ; mais nous sentons que les momens sont trop chers pour les perdre à se tirailler : nous battons le pas de charge, nous croisons la bayonnette : l'ennemi se replie. A peine avons-nous franchi la coupure, que nous partageons nos forces en trois colonnes, qui marchent, celle de droite, par la route de Toulouse, sur l'église de Saint-Etienne ; celle du centre, par la route de Bordeaux ; et celle de gauche, par l'Esperon et Montaigu.

Quand ces trois colonnes eurent débouché, deux compagnies de sapeurs et une de pionniers se portent au carrefour des routes, à l'église de Saint-Etienne, et dans toutes les maisons qui servaient de retranchemens à l'ennemi : elles détruisent ces abris par l'incendie, renversent les palissades et comblent les coupures. Cette dernière opération fut soutenue par quatre pièces d'artillerie, que le général Berge fit placer à l'angle des deux routes.

L'ennemi était sur le point de nous céder ses derniers retranchemens, quand il reçut des renforts du côté de Hayet et du Boucau. Ces nouvelles forces raniment son courage ; mais nous avions déjà atteint le but principal de notre sortie, avec cet avantage remarquable que le général Hope, commandant en chef les troupes du blocus, était notre prisonnier, ainsi que deux officiers de son état-major. Tous trois furent surpris, démontés et blessés, près du Vignau, par notre colonne de gauche. Le général anglais, confus de se voir pris, n'était point revêtu de son uniforme, et ne consentit à faire connaître son grade à l'officier qui se présenta pour l'interroger, que lorsque celui-ci lui déclara, au milieu d'une grêle de balles qui pleuvait sur eux de toutes parts, que, s'il s'obstinait à le taire, il ne pouvait plus répondre de lui.

L'ordre de retraite fut donné à nos troupes; et, avant huit heures du matin, le feu avait cessé sur toute la ligne.

Nous fîmes 273 prisonniers, et on trouva au nombre des morts le général anglais Heitch.

Nos pertes furent assez considérables,

puisque leur relevé, fait corps par corps, les porte à 910 hommes, parmi lesquels il faut observer que nous eûmes 890 blessés, dont la plupart ont repris du service. On conçoit qu'on ne peut donner avec la même exactitude l'état des pertes totales de l'ennemi ; mais on a su par des témoins non équivoques, qu'elles s'élevèrent au moins à 2,500 hommes. Ce qui atterra les troupes anglaises, fut la prise du général Hope.

L'armistice fut signé à Toulouse, le 18 avril, quatre jours après la sortie de la garnison de Bayonne, qui n'eut lieu que le 14. Ces deux dates bien distinctes sont essentielles, pour confondre les calomniateurs de la mémoire du général Thouvenot, gouverneur de Bayonne, et des membres du conseil de défense dont ce brave homme était assisté. On avait répandu sourdement, dans l'esprit des gens crédules, l'opinion que le général Thouvenot connaissait, le 13 avril, les événemens de Paris ; tandis que le duc de Dalmatie ne les connut positivement que le 17, par une lettre du prince Berthier. Il faut avoir une bien fausse idée de la hiérarchie militaire, pour ignorer que le gouverneur de Bayonne se trouvait, quoique séparé momentanément de l'armée, sous les ordres immédiats du maréchal Soult; et que le général Thouvenot, en supposant même que quelque nouvelle vague, concernant l'abdication de Buonaparte, fût parvenue jusqu'à lui, ne devait pas croire pour celà que les hostilités eussent cessé : il avait, dans la supposition que j'admets, une boussole qui ne pouvait l'égarer, c'était le silence du maréchal Soult. Ainsi, d'après toutes les lois de la guerre, la sortie du 14 est légale, et le général Thouvenot est justifié à cet égard de toute imputation.

Quitterons-nous Bayonne, sans parler de la conduite tout à la fois modérée et vigoureuse de ses habitans, non seulement pendant le blocus, mais à toutes les époques où de nombreuses armées ont passé dans ses murs? Quelle est la ville frontière du royaume qui a été plus froissée par la guerre, et qui a fait de plus grands, de plus constans sacrifices pour le succès de nos armes? Soit qu'on se portât en Espagne, soit qu'on en revînt, Bayonne était le point de départ pour l'invasion, et un lieu de refuge dans les revers. C'était plutôt un camp qu'une ville. Le militaire y trouvait tous les secours et tous les égards qu'on lui devait ; mais s'il lui arrivait de s'oublier dans son exigence, la fermeté de l'habitant suffisait pour le ramener. Enfin, les bayonnais ont ce caractère qui les distingue éminemment, c'est que leur bonté ne tient jamais de la faiblesse ; que la France n'a pas de meilleurs citoyens, ni le Roi de plus fidèles sujets (*).

Aussitôt que l'armistice eut été signé, le duc de Dalmatie fit partir, en poste, pour

(*) En 1815, après la seconde et dernière chûte de Buonaparte, et lorsque notre souverain était de retour dans sa capitale, un corps de troupes espagnoles, fort de 12 à 14,000 hommes, commandé par le général O'Donnell, comte d'Abisval, passe la ligne frontière tracée par la Bidassoa, met le pied sur le territoire français, et s'avance, comme allié et non comme ennemi, jusque sous les murs de Bayonne. Il n'y avait d'autre garnison dans la place, que quelques canonniers vétérans. Sans délibération préalable sur le parti qu'il convenait de prendre dans une circonstance aussi critique, les bayonnais, lisant leur devoir dans leur belle devise, *Nunquàm polluta*, couvrent spontanément les remparts et les fortifications avancées, demandent à hauts cris des armes et des munitions, et jurent de mourir pour la défense d'une place que le Roi a confiée à leur fidélité. Le général espagnol a beau protester de la pureté des intentions de son souverain :

Bayonne, Saint-Jean-Pied-de-Port et Santoña, des officiers d'état-major, porteurs de dépêches pour les gouverneurs de ces trois places; et, dès leur arrivée, toute hostilité cessa.

---

on ne l'écoute pas, on brûle d'en venir aux mains. Il se trouvait alors à Bayonne un grand nombre de marins, qui venaient de subir une longue et pénible détention dans les prisons d'Angleterre : le colonel Verpeau, directeur d'artillerie, les organisa en compagnies de canonniers, et leur confia des pièces. Les femmes, oubliant la timidité de leur sexe, enflammaient le courage de leurs époux, de leurs frères, de leurs enfans. Celui qui n'a pas été témoin de cet enthousiasme, dont on voit si peu d'exemples dans l'histoire, y croira d'autant moins que les feuilles publiques n'en ont rien dit. Etrange silence! on ne cherchera point à te pénétrer.... d'ailleurs la modestie et la modération des bayonnais nous imposent à cet égard la réserve la plus absolue. Le général espagnol, frappé de l'attitude de la population bayonnaise, et dirigé par de nouvelles instructions, évacue le territoire, et ne laisse d'autre souvenir de son expédition que celui du dévouement héroïque qu'elle a fait naître.

C'est là un des beaux effets de cet esprit national, dont il ne reste parmi nous, depuis la révolution, que quelques étincelles éparses. Ranimons ce feu sacré, en citant de tels exemples, pour l'affermissement du trône et la prospérité de la France.

Le 19 avril, le lendemain de la conclusion de l'armistice, le duc de Dalmatie donna à l'armée un ordre du jour en forme d'adhésion. Le laconisme et la modération de cette adhésion contrastaient avec les déclamations qu'on entendait retentir de tous côtés contre l'idole qu'on avait encensée et qu'on voyait brisée. Le maréchal Soult rappelait un principe qui fut trop longtemps oublié sous le gouvernement impérial, c'est que, l'armée n'étant qu'une partie de la nation, il serait contre l'ordre social qu'elle ne fût pas subordonnée aux vœux que celle-ci manifestait : or, la nation voulant le Roi, l'armée suivait son vœu. On aime à entendre un maréchal, commandant une armée qui a combattu avec gloire, professer de tels sentimens, en rendant hommage aux prérogatives inaliénables de la nation sur ses défenseurs.

L'armée arbore la cocarde blanche et se livre à la joie. Quel moment pour le soldat, que celui d'une paix précédée de vingt-cinq ans de guerre ! Il croit recevoir une nouvelle existence, il jouit en même temps du passé et de l'avenir, il trouve en lui des affections douces qui lui étaient inconnues, et se contemple avec une noble fierté.

Pour couronner notre bonheur, S. A R. le duc d'Angoulême, qui se trouvait à Toulouse, se rend à la prière que le maréchal Soult lui adresse, de venir passer la revue de l'armée des Pyrénées. Un aide-de-camp prend les ordres du prince. L'armée est prévenue que S. A. R. va lui faire l'honneur de la voir défiler. Aux jours et aux heures indiqués, le duc d'Angoulême arrive à Castelnaudary, à Lavaur et à Montauban, sur le terrain où les troupes étaient formées. S. A. R. n'avait d'autre suite que ses aides-de-camp : l'armée sentit combien cette modestie annonçait de confiance en elle. C'était la première armée française que le prince passait en revue. Qu'elle dut lui paraître belle! Le duc de Dalmatie était à la droite de S. A. A une certaine distance, on eût pu croire, tant la tenue des corps était soignée, qu'ils entraient en campagne; mais de près, on voyait à leur attitude et à leurs regards, qu'ils venaient de soutenir de glorieux combats. Jamais les cris de *Vive le Roi! Vive le duc d'Angoulême!* ne retentirent avec plus d'enthousiasme, de franhcise ni d'éclat, que dans ces jours solennels. Le prince, touché de ce spectacle, ne pouvait se lasser d'exprimer sa satisfaction au maréchal.

Immédiatement après la dernière revue passée dans la plaine de Montauban, le duc d'Albuféra prit le commandement de l'armée, qui ne tarda pas à être licenciée ; et le duc de Dalmatie se rendit à Paris, où il fut nommé successivement par le Roi, en témoignage de ses services et de sa capacité, gouverneur de la 13.me division militaire, et ministre de la guerre.

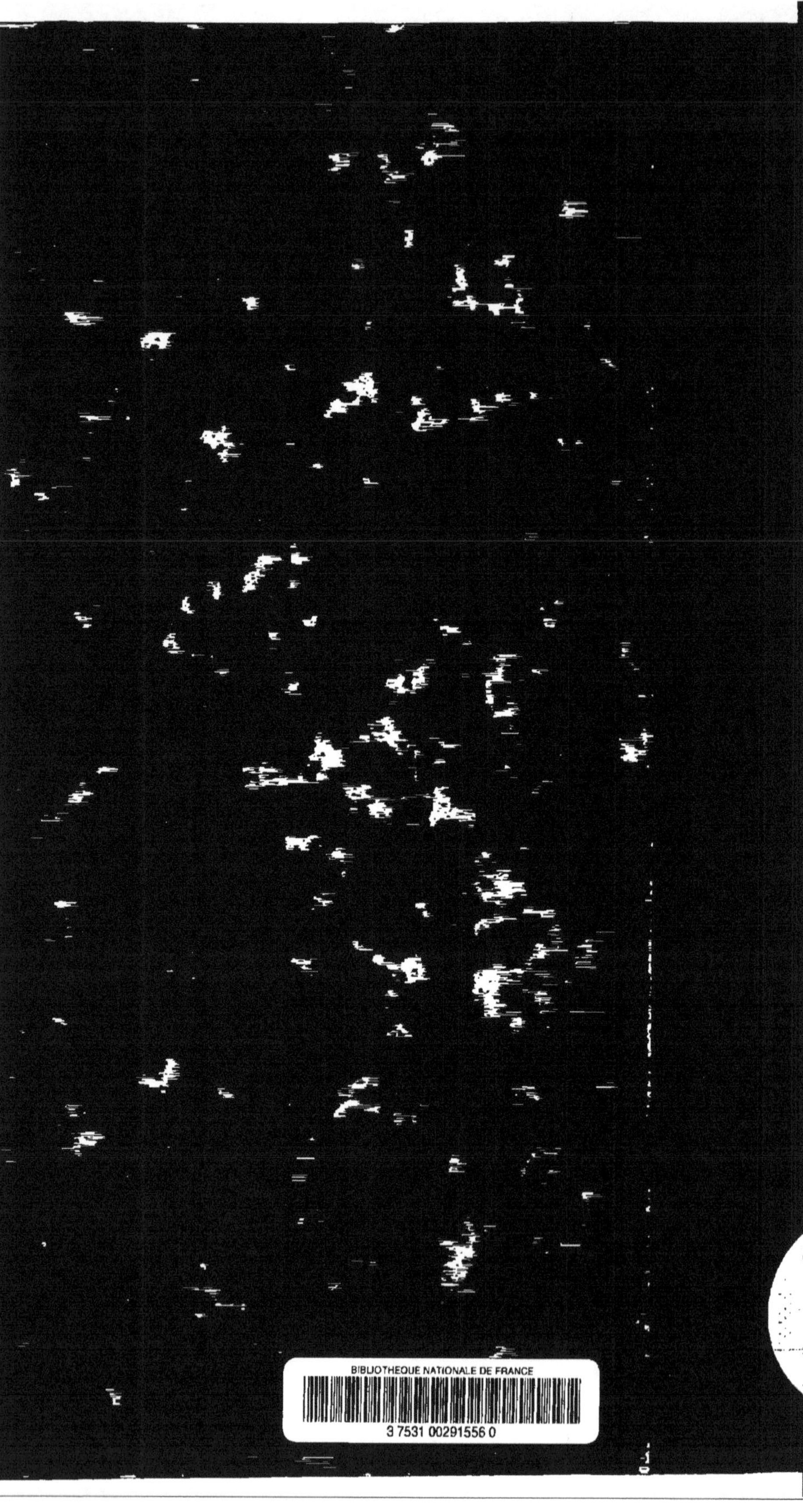

www.ingramcontent.com/pod-product-compliance
Ingram Content Group UK Ltd.
Pitfield, Milton Keynes, MK11 3LW, UK
UKHW020215250726
13967UKWH00003B/1477

9 782011 767356